To. 장윤석.

함께! 오래!

2022. 7. 19.

기본소득 101

BOOK
JOURNALISM

기본소득 101

발행일 ; 제1판 제1쇄 2022년 5월 16일
지은이 ; 김찬휘
발행인·편집인 ; 이연대 에디터 ; 이현구
디자인 ; 권순문 지원 ; 유지혜 고문 ; 손현우
펴낸곳 ; ㈜스리체어스 _ 서울시 중구 한강대로 416 13층
전화 ; 02 396 6266 팩스 ; 070 8627 6266
이메일 ; hello@bookjournalism.com
홈페이지 ; www.bookjournalism.com
출판등록 ; 2014년 6월 25일 제300 2014 81호
ISBN ; 979 11 91652 56 7 03300

책값은 뒤표지에 표시되어 있습니다.

BOOK
JOURNALISM

기본소득 101

김찬휘

; 왜 기본소득은 꼭 보편적, 무조건적, 개별적으로 나눠주어야 하는가? 선별에 어려움이 따르는 건 사실이지만 왜 꼭 이미 돈이 넘쳐나는 사람에게도 주어야 하는가? 꼭 가구가 아닌 개인 단위로 지급해야 하는가? 부자일수록 가구원도 많은데 개인 단위 지급은 결국 가족 성원이 많은 중산층 이상에게 유리한 것 아닌가?

차례

프롤로그 기본소득의 시대는 온다

"우리에겐 진보를 GDP와 같은 경제적 수치가 아니라 얼마나 많은 사람이 의미 있는 역할을 하고 있는가에 의해 측정하는 사회가 필요하다. 참신한 아이디어를 시도하다 실패해도 그 충격을 완화할 수 있도록 보편적 기본소득과 같은 구상을 탐구해야 할 것이다."

-마크 저커버그

투자가 청년의 꿈을 대체했다

기차를 타고 대구에 가는 길이었다. 우연히 옆 좌석에 펼쳐진 책의 제목이 눈에 들어왔다. 'OO 완벽 투자의 기법' 앞 좌석의 청년도 유사한 책을 읽고 있었다. 《경향신문》이 2020년 9월 전국의 20~34세 남녀 1000명을 대상으로 조사한 결과, 49.1퍼센트가 한 번이라도 주식 투자를 해 본 경험이 있다고 답했으며 '투자는 선택이 아닌 필수'라고 답한 사람이 42.8퍼센트에 달했다. '투자에 빚이 필수'라는 데 동의한 비율도 22.2퍼센트였다.

청년들의 '영끌'과 '빚투'는 열심히 일해야 잘살 수 있다고 생각하며 살아온 사람들에게는 이해하기 어려운 현상이다. 하지만 이들의 행동은 충분히 이해 가능한 범주에 있고 최소한 당사자에게는 합리적인 행동이다. 한국 사회의 그 누구라도 다음의 두 명제는 수긍할 수 있을 것이다. 첫째, 질 좋고 품위 있는 일자리가 극히 적다. 둘째, 그런 일자리가 있다 해도 봉급을 모아서 원하는 삶의 수준에 도달할 가능성은 0에 가깝다. 이미 격차가 너무 크기 때문이다. 주식 투자로 성공할 가능성이 아무리 작더라도 사람들이 그것에 뛰어드는 이유는 간단하다. 그 가능성이 0보다는 크기 때문이다.

사람의 행동 양식은 선천적인 것이 아니다. 환경이 바뀌면 행동 양식도 바뀐다. 꿈이 사라진 세상은 청년이 주식 투자에 미래를 걸게 했다. 어떤 세상을 만들어야 청년의 꿈이 다시 살아날 수 있을까?

한국 정치를 뒤흔드는 기본소득 논의

2017년 대선을 앞두고 주요 예비 후보들의 공약에 모두 '기본소득'이란 용어가 등장했다. 기본소득은 후보에 따라 "한국형 기본소득제"나 "생애 주기별 맞춤형 기본소득"이란 말로 표현되기도 했고 기본소득이란 표현을 쓰지는 않더라도 그 개념에는 동의한다는 후보도 있었다. 하지만 기본소득이라는 걸 포장만 같을 뿐, 안에 든 내용물은 다 달랐다. 각자가 주장하는 소득 보장 정책에 모두 '기본소득'이란 이름표를 붙였다고 보는 것이 적절할 것이다. 어쨌든 이 당시엔 '기본소득'이란 용어에 대해 전반적으로 우호적인 분위기가 존재했다.

그러나 2019년 경기도 청년기본소득이 시행된 이후에

는 상황이 바뀌었다. 2020년 총선을 앞두고는 기본소득에 대한 적대적 표현이 늘었다. 주요 정치인들 사이에서 "악성 포퓰리즘"이라든가 "사회주의 배급 제도"라는 등 기본소득을 향한 비난이 등장했고, 3년 전 "한국형 기본소득제"를 제창했던 정치인은 입장을 바꿔 기본소득보다 "전 국민 고용 보험"을 시행해야 한다고 주장했다. 기본소득이 정쟁의 코드로 변질되고 있었지만, 기본소득은 여전히 "K-기본소득"이나 "한국식 기본소득"과 같은 표현 등으로 여러 정치인의 공약 속에 포함되어 있었다.

2020년 제 21대 총선에서 참패한 미래통합당은 같은 해 9월 당명을 '국민의힘'으로 바꾸고 당 강령 1조 1항에 기본소득을 명시했다.

> "국가는 국민 개인이 기본소득을 통해 안정적이고 자유로운 삶을 영위하도록 적극적으로 뒷받침하여 4차 산업혁명 시대를 대비한다."

이것은 기본소득을 둘러싼 격렬한 논쟁의 신호탄이었다. 주요 정치인들은 기본소득과 다른 자신만의 소득 보장 정책에 별도의 이름을 붙이기 시작했다. 기본소득을 비판하며 그 대안으로 "안심소득", "공정소득" 등을 제시한 것이다. 이름은 비슷하지만 지급 방식이 약간 다른 "참여소득"도 한 정치인에 의해 호출됐다. 기본소득을 "사회주의 배급제도"라 비난했던 정치인은 이번에는 기본소득을 "베네수엘라 급행열차"로 부르며 비난을 계속한다.

2022년 대선에서 기본소득은 이를 공약으로 내세웠던 특정 후보와 관련되어 호명되고 인용됐다. 선거일이 다가올수록 그 후보의 기본소득은 점점 왜소해지고 다른 의제 뒤에 숨어서 잘 보이지 않게 되었다. 하지만 기본소득은 특정 정치인으로부터 시작된 것도 아니고 그의 정책과 정견을 통해 해소될 의제도 아니다. 기본소득은 '생태적 전환'과 '사회적 전환'을 위해 오래전부터 구상된 것이다. 얼마를 어떻게 주는가 하는 당장의 정책적 설계가 중요한 것이 아니라, 기본소득이 우리의 지구와 세상을 과연 바꿀 수 있는지, 앞으로 어떻게 바꿀 것인지에 대한 지속적인 고민과 인식의 확산이 중요한 것이다. 포장지의 이름이 '기본소득'이라 하더라도 내용물은 다를 수 있다. 이를 유념하여 항상 꼼꼼히 따져 봐야 한다.

기본소득은 어떤 세상을 꿈꾸고 있을까? 기본소득이 도대체 뭐기에, 이를 둘러싸고 모든 주요 정치인들이 갑론을박하는 것일까? 기본소득에 대한 찬성 혹은 반대를 외치는 목소리는 늘 높지만, 이에 대한 진지한 대화와 깊은 소통은 여전히 부족하다. 기본소득은 위험한 것 아닐까? 기본소득은 너무 큰 패러다임의 변화는 아닐까? 적은 돈으로 뭐가 바뀌긴 할까? 기본소득은 과연 청년이 꿈을 되찾게 할 수 있을까? 지금부터 기본소득에 대한 다양한 물음에 답하려 한다.

1 왜, 지금 기본소득인가

기본소득은 무엇인가

> “기본소득이라 함은 공유부에 대한 모든 사회 구성원의 권리에 기초한 몫으로서 모두에게, 무조건적으로, 개별적으로, 정기적으로, 현금으로 지급되는 소득을 말한다.”
>
> 기본소득한국네트워크 정관 제2조 목적

이는 2009년에 설립된 이래 한국의 기본소득 운동을 이끌어 온 기본소득한국네트워크Basic Income Korean Network · BIKN의 정관에 나오는 기본소득의 정의다. 먼저 이 정의의 뒷부분이 매우 중요하다. 흔히 기본소득의 ‘5대 원칙’이라 불리는 내용이다. 이 5대 원칙은 기본소득 운동의 세계 조직인 기본소득지구네트워크Basic Income Earth Network · BIEN가 2016년 서울에서 개최한 제 16차 대회의 총회에서 확정된 것이다. 하나씩 뜯어보자면 다음과 같다.

“모두에게”는 보편성universal의 원칙이다. 재산이나 소득을 심사하지 않고 모두에게 지급한다는 의미다. 우리나라에는 ‘생계급여’라는 복지 제도가 있는데, 기준 중위소득[1]의 30퍼센트 이하인 가구에만 지급된다. 이에 반해 ‘아동수당’은 만 8세 미만인 ‘모든’ 아동에게 지급된다. 보편성 원칙에서 볼 때 기본소득은 생계급여보다 아동수당에 가깝다. 2020년의

1차 긴급재난지원금은 모두에게 지급됐지만, 2021년 상생 국민지원금은 소득에 따라 선별 지급됐다. 따라서 이 경우는 전자가 후자보다 기본소득과 유사하다.

"무조건적으로unconditional"는 일할 의무를 이행하거나 일할 의사를 표현할 필요가 없다는 의미다. 실업급여에는 "취업하지 못한 기간에 대하여 적극적인 재취업 활동을 한 사실을 확인하고 지급"한다는 조건이 달려있다. "실업이라는 보험 사고가 발생"했을 때 지급되고 재취업하면 받을 수 없다. 또 '근로장려금'이란 제도도 있는데 일을 하지 않아 소득이 없으면 받을 수 없다. 기본소득은 일을 하건 안 하건, 일할 의사가 있건 없건, '묻지도 따지지도 않고' 지급된다. 이것은 다른 복지 제도와 뚜렷이 구별되는 기본소득의 가장 중요한 특성이다.

"개별적으로"는 사회 구성원 개인individual 한 사람 한 사람에게 지급된다는 의미다. 2020년 1차 긴급재난지원금은 가구별로 금액을 설정하고 가구주에게 지급했다. 1인 가구 40만 원, 2인 가구 60만 원, 3인 가구 80만 원, 4인 가구 이상 100만 원 등으로 구분했다. 이에 반해 2021년 상생 국민지원금은 1인당 25만 원씩 지급했다. 보편성 원칙으로 보면 1차 긴급재난지원금이 기본소득과 더 유사하지만, 개별성 원칙에서 보면 상생 국민지원금의 지급 방식이 기본소득과 더 유사하다. 가부장제의 관습을 벗어나 가족 구성원 모두의 동등한 권리를 인정한다는 면에서 매우 의미 있는 원칙이다.

"정기적으로periodically"는 매년, 매 분기, 매달, 혹은 매주 꼬박꼬박 지급되어야 한다는 의미다. 일회성인 재난지원금은 정기성의 원칙을 충족하지 못한 경우다. 정기성의 원칙은 수령자가 자신의 생활을 규칙적이고 예측 가능하게 설계할 수 있도록 한다는 점에서 삶의 안정성을 보장하는 원칙이다.

"현금으로in cash"는 물품이나 특정 상품과 교환하는 상품권, 특정 서비스를 받을 수 있는 쿠폰 등이 아니라 현금 혹은 현금에 준하는 것으로 지급해야 한다는 의미다. 어디에 쓸 것인가의 '자유'를 준다는 점에서 이 원칙은 매우 중요하며, 물품을 지급하는 배급 제도와 근본적으로 구별된다.

재난지원금과 뉴 노멀

유례없는 코로나19 판데믹 상황은 감염병에 대한 위험만큼이나 생활고로 인한 고통을 가중했다. 많은 나라가 정부의 역할을 극적으로 확대해 엄청난 경기 부양 재정 지출과 함께 손실 보상책을 실시했고, 재난지원금의 형태로 국민의 손에 직접 현금을 쥐여 주었다. 우리나라에서는 국민에 대한 직접적 현금 지급이라는 사례가 낯선 만큼 재난지원금이 곧 판데믹이라는 특수 상황에서의 기본소득 아니냐고 생각하는 사람들

미국의 3차 재난지원금 (1인 성인 가구 기준)

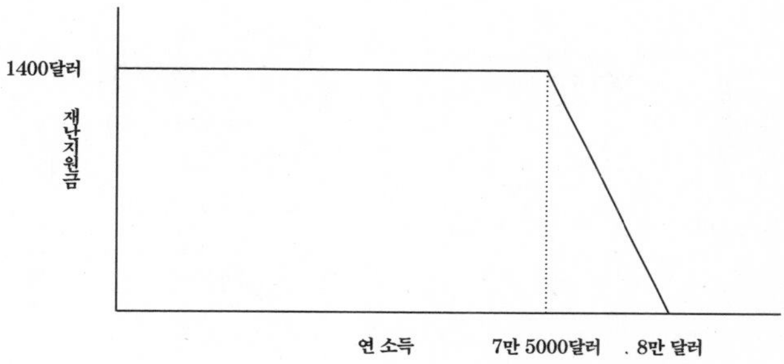

이 있다. 일부는 맞고 일부는 틀리다.

미국의 경우 2020년 봄에 1차로 성인 1인당 1200달러, 아동 1인당 500달러를 지급했고 12월 말에 2차로 성인 1인당 600달러, 아동 1인당 600달러를 지급했다. 바이든 행정부가 들어선 2021년에는 3차 재난지원금이 집행되어 성인 1인당 1400달러, 아동 1인당 1400달러를 지급했다. 4인 가족으로 볼 때 3차 재난지원금만 계산해도 5600달러(665만 원)에 달하는 큰돈이다.

미국의 재난지원금stimulus check은 일정 소득 이상에서 지급액이 서서히 줄어들게 설계했다. 3차 재난지원금의 경우, 1인 성인 가구라면 연 소득 7만 5000달러 이하까지는 동일하게 1400달러를 지급하지만 연 소득 8만 달러까지 지급액을 점차

한국의 1차 긴급재난지원금
(1인 성인 가구 기준)

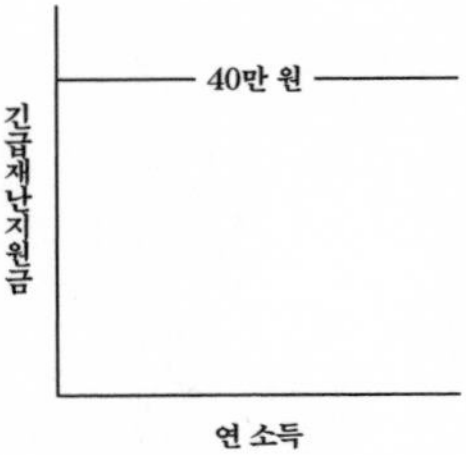

한국의 상생국민지원금
(1인 성인 가구 기준)

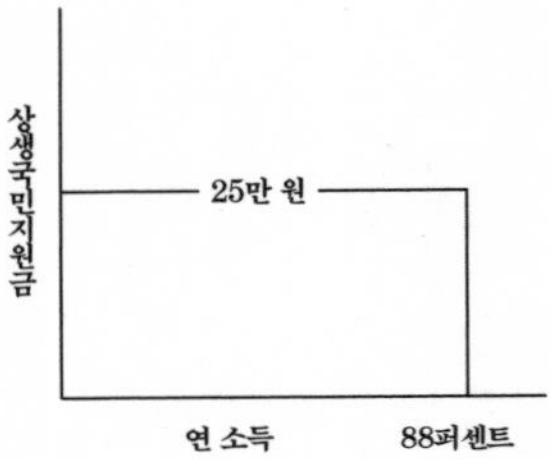

줄여 8만 달러가 넘는 사람에게는 한 푼도 지급하지 않는다.

한국의 1차 긴급재난지원금과 상생 국민지원금은 표에서 보듯 지급에서 차이가 있다. 긴급재난지원금과 달리 상생 국민지원금은 소득 하위 88퍼센트 국민에게만 지급됐다. 그런데 상생 국민지원금은 미국처럼 서서히 줄어드는 것이 아니라 88퍼센트 기점에서 갑자기 사라지기 때문에 88퍼센트 바로 아래 소득자는 25만 원을 받고, 88퍼센트 바로 위의 소득자는 아무것도 못 받는다. 따라서 전자가 후자보다 총소득이 증가하는 '소득 역전' 현상이 생긴다.

긴급재난지원금 지급은 미국보다 액수는 훨씬 적지만 대한민국 역사상 초유의 일이었기에 정부의 직접적 현금 지급에 대한 국민적 관심이 증가하는 계기가 됐고, 보편적 지급인가 선별 지급인가의 논쟁이 격화되면서 기본소득에 관한

기본소득의 5대 원칙으로 본 재난지원금

	보편성	무조건성	개별성	정기성	현금성
1차 긴급재난지원금	O	O	X	X	O
상생 국민지원금	X	O	O	X	O

관심도 함께 증가했다. 선별 지급의 문제를 인지한 상태에서 다시 한 번 기본소득의 5대 원칙을 적용해 보자. 재난지원금은 기본소득인가?

1차 긴급재난지원금은 가구별 지급이라 개별성 원칙이 없고 상생 국민지원금은 보편성 원칙이 적용되지 않았다. 무엇보다 둘 다 일회성 지급이란 점이 기본소득과 크게 다르다. 물론 재난지원금은 코로나라는 특별한 위기 상황에서 긴급지원의 성격으로 일시적으로 지급된 것이다. 이를 기본소득과 단적으로 비교하는 것은 무리가 있다. 그런데 만약 코로나가 일상화된다면 어떻게 될까? 판데믹과의 공존이 우리의 '뉴 노멀New normal'이 된다면 재난지원금 또한 뉴 노멀이 되는 것 아닌가. 그렇게 정기화된 재난지원금은 결국 기본소득으로 접근하게 되는 것 아닌가.

바이러스가 아니더라도 현대 인류는 항시적인 재난 상황에 있다. 불평등과 기후 위기라는 재난은 우리에게 이미 일상이다. 사회적 재난에서 비롯된 기본소득의 아이디어는 이제 기후 재난과 질병 재난이 결합한 '복합적 재난' 상황을 이겨내기 위한 필수적인 처방으로 떠오르고 있다.

기본소득을 부른 것은

18세기 말 미국의 독립운동가 토마스 페인Thomas Paine은 기본소득을 최초로 구상했다. 그는 기본소득을 "자선이 아니라 권리"로 "박애가 아니라 정의"로 정의했다. 19세기에는 프랑스의 사상가 샤를 푸리에Charles Fourier와 영국의 경제학자 존 스튜어트 밀John Stuart Mill 등이 이 아이디어를 이어갔다. 20세기 초에는 영국을 중심으로, 1960년대에는 미국을 중심으로 기본소득 논의가 활발하게 진행됐다. 1986년에는 기본소득유럽네트워크Basic Income European Network · BIEN가 출범했고 이것이 2004년 기본소득지구네트워크로 확장, 발전함으로써 현대적 의미의 기본소득 운동이 본격적으로 시작됐다.

소득 양극화

특히 기본소득은 지난 10여 년 사이에 학자들뿐만 아니라 일반인들의 큰 관심을 모았다. 여기엔 여러 이유가 있겠으나 가

미국의 소득 수준 별 국민 소득 차지 비율

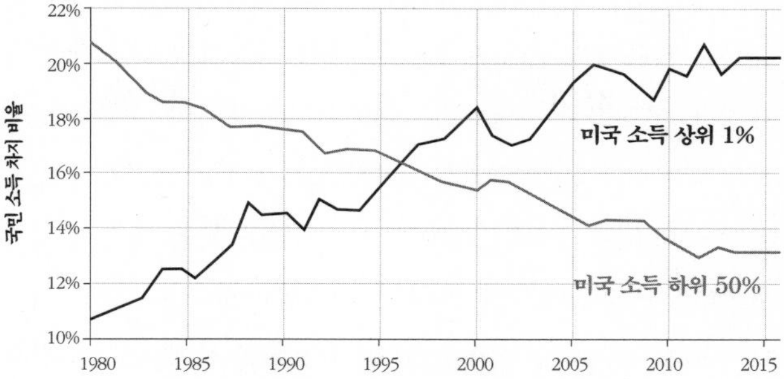

* 세계불평등데이터베이스(WID.world), <2018세계 불평등 보고서>

장 큰 원인은 소득 불평등과 극심한 양극화다. 전 지구적으로 불평등 데이터를 수집·연구하는 '세계 불평등 랩World Inequality Lab'의 통계에 따르면 1980년 전체 국민 소득의 11퍼센트를 차지하던 미국 최상위 1퍼센트의 소득은 2015년에 전체 국민 소득의 20퍼센트까지 올랐다. 한편 하위 50퍼센트 소득을 전부 더한 것은 같은 기간 전체 국민 소득의 21퍼센트에서 13퍼센트로 곤두박질쳤다.

이 시기를 소위 신자유주의 시대라고 한다. '시장이 최고선善'이라는 이데올로기에 기초하여 정부가 공공선이 아닌 시장 지배자들 편에서 국가를 운영하던 때다. 신자유주의는 민영화, 금융화, 세계화로 특징지을 수 있다. 안정된 일자리는 사라지고 일하는 사람들의 몫은 감소했으며, 실물 경제가 성장하지 않음에도 금융과 자산 시장만 성장하는 시스템이 정착했다. 세계화가 진행되면서 자본이 전 세계의 저임금 노동력을 찾아 이윤을 늘려가는 동안 주요 산업국 노동자의 일자리는 사라졌다. 소득이 줄어든 일반인들은 돈을 빌려서 의식주, 특히 주거를 해결했다. 이런 의미에서 신자유주의는 실업과 부채의 증가로도 설명된다. 이 시스템의 한계는 2008년 세계를 강타한 금융 위기로 적나라하게 드러났고, 기본소득은 이 문제를 해결하는 주요한 처방의 하나로 여겨지기 시작했다.

사회 보장 제도의 위기

더군다나 불평등 구조를 개선·보완해야 할 사회 보장 제도 또한 제대로 작동하지 않기 시작했다. 국민연금이나 고용 보험, 건강 보험 등의 '사회 보험' 체계는 요컨대 완전 고용에 준하는 안정된 일자리를 기초로 세워진 것이다. 사업주와 노동자가 보험료를 분담해서 내고 기금을 조성하여 나중에 노동자에게 고령, 질병, 장애, 해고, 재해 등의 위험이 발생했을 때 노동자가 보험금을 타도록 설계됐다. 하지만 사회 보험의 기초인 일자리가 줄어들며 고용이 불안정해지고, 표준적 고용 관계가 해체되어 비정규직 및 특수 고용직이 증가했다. 사회 보험의 사각지대가 너무 커진 것이다. 그래서 기본소득을 사회 보장 제도의 1층에 두고 사회 보험을 2층에 배치하는 21세기형 새로운 복지 국가 구상이 제시되기 시작했다.

사회 보장 제도의 다른 한 축을 이루는 '공공부조'는 엄격하게 재산과 소득을 심사해 정말 어려운 사람만을 선별하고 세금을 재원으로 하여 지원하는 제도다. 우리나라에서는 '생계급여'가 포함된 '국민 기초 생활 보장 제도'가 있다. 그러나 여기엔 숱한 문제점이 지적되어 왔다. 선별된 대상자들이 생계의 곤란함과 빈곤을 끊임없이 입증해야 하는 '낙인 효과'의 문제나 선별에서 누락되는 사람들이 다수 존재하는 '사각지대'의 문제 등이다. 따라서 공공부조를 점차적으로 폐지하고 기본소득으로 통합해야 한다는 목소리가 커지게 됐다.

4차 산업혁명

인공지능AI을 통한 자동화로 특징되는 이른바 '4차 산업혁명'의 전개도 기본소득 논의에 불을 지핀 원인이다. 과거에도 기술 혁신과 산업혁명이 있었고 그때마다 낡은 기술에 의존한 일자리는 사라졌지만, 사라진 일자리보다 더 많은 일자리가 만들어졌기 때문에 문제가 되지 않았다. 하지만 인공지능이 주도하는 4차 산업혁명은 다르다. 새로 생기는 일자리를 로봇이 맡는다. 또한 로봇은 인간의 육체노동만이 아니라 인간의 인지 노동도 일부 대신하기 시작했다. 극소수의 인공지능 관리자와 다수의 실업자로 이루어진 미래 사회에 대한 공포가 엄습하고 있다.

하지만 인공지능이 의존하는 빅 데이터는 특정 집단에 귀속될 수 없는 우리 모두의 것이다. 따라서 인공지능에 의한 기술 혁명의 혜택이 극소수에게만 귀속되는 것은 정당하지 않다는 인식이 확산되고 있다. 기본소득 역시 인류가 함께 이룬 기술 혁명의 성과를 인류 모두가 함께 누린다는 의미를 지닌다.

생태계의 위기

마지막으로 최근 '기후 재앙'으로 표현될 정도로 심각해지는 생태계의 위기가 기본소득 논의를 불렀다. 그동안의 문명은 자연을 수탈의 대상으로만 간주해 왔다. 경제학에서 생산 요소는 자본과 노동, 지대地代였을 뿐, 자연은 비용을 치르지 않고 마음대로 쓸 수 있는 논외의 대상이었다. 자본과 노동은 동맹을 맺고 자연을 수탈함으로써 경제 성장을 이뤘고, 이때 성장의 몫을 누가 더 많이 가져갈 것인가를 둘러싼 싸움이 전후 선진국 정치에서 목격되었던 좌·우파의 대립이다. 그러나 중도 우파와 중도 좌파가 번갈아 집권하는 선진국의 정치는 불평등한 사회 시스템을 근본적으로 바꾸지 못했다. 그 과정에서 지속했던 불평등 시스템은 오히려 전체의 파이pie를 키우면 된다는 성장주의로의 유혹을 키웠다. 전체 몫을 키워야 자기 몫도 함께 커진다는 생각 말이다.

하지만 파이 자체를 키우는 경제가 언제고 지속될 수는 없다. 무분별한 성장이 가져온 기후 위기가 그 증거다. 물질적 성장 없이도 함께 살아갈 수 있는 세상을 만들지 않으면 우리는 자연과 공존할 수 없다. 인간이 살 수 없는 생태계가 되는 것이다. 물질과 에너지의 처리량을 줄여 생태계의 균형을 회복하고, 소득과 자원을 더 공정하게 배분하고, 불필요한 노동으로부터 사람들을 해방하며, 성장하지 않고도 번영하는 그런 사회가 필요하다. 더 평등하게 분배할수록 파이 자체를 키우려는 성장주의의 함정에서 벗어나기 쉬워질 것이다. 이러한 생태 사회로의 이행에 도움을 줄 정책으로 많은 사람들은 기본소득을 바라보고 있다.

운명의 2016년

우리나라에서 기본소득이 도약하기 시작한 해가 있다. 바로 2016년이다. 위와 같은 거시적 흐름에 이어 한국 사회에서 기본소득 논의에 불을 지핀 다섯 가지 사건이 있었다. 먼저 2016년 3월 9~15일간 구글 딥마인드Google Deepmind가 개발한 인공지능 알파고AlphaGo와 한국을 대표하는 바둑 기사 이세돌

9단의 바둑 대결이 있었다. 이 대국은 특히 바둑을 잘 아는 동아시아인들에게 큰 충격으로 다가왔다. 인공지능이 '딥 러닝'의 지도 학습supervised learning과 강화 학습reinforcement learning으로 기력을 향상해 바둑 최고수를 격파하는 모습은, 다가올 '인공 일반 지능Artificial general intelligence · AGI'[2]에 대한 공포와 함께 인간 노동이 필요 없어질 사회에 대한 고민을 던져주었다. 알파고가 학습의 재료로 사용한 기보는 세계에서 가장 유명한 온라인 대국실 '기세이도 바둑 서버Kiseido Go Server · KGS'에 등록된 것이었는데, 이 16만 개의 기보가 인류의 '공동자산commons'이라는 깨달음이 확산되면서, 기본소득의 인식에 일보 전진이 일어났다.

다음은 2016년 6월 5일 진행된 스위스 기본소득 개헌안 국민 투표다. 세계 최초로 이루어진 기본소득 국민 투표가 1인당 국민 소득이 매우 높은 유럽의 복지 국가, 그것도 스위스에서 이뤄졌다는 사실은 기본소득 지지자와 반대자 모두에게 비상한 관심을 불러일으켰다. 비록 23.1퍼센트의 찬성으로 부결되었지만 이 투표 결과를 놓고도 갑론을박이 벌어지며 기본소득 전반에 대한 논의가 확산됐다.

셋째로 앞에서 언급한 기본소득지구네트워크 제 16차 대회가 "사회적, 생태적 전환과 기본소득"이라는 표어 아래 2016년 7월 7~9일까지 서강대학교에서 개최됐다. 동 대회가 아시아에서 개최된 최초의 사례다. 이 대회는 대한민국이 아시아, 더 나아가 세계 기본소득의 선두 주자로 발돋움하는 계기가 됐다. 넷째로 2016년 4월 13일에 진행된 제20대 국회의원 선거에서 녹색당과 노동당이 기본소득 공약을 내걸고 총선에 참여했다. 비록 두 정당 모두 당선자는 내지 못했지만 한국 정당사에 중요한 한 획을 그었다.

마지막으로 성남시에서는 '청년 배당'이 시행됐다. 성남에서 3년 이상 거주한 만 24세 청년 개인에게 분기별로 25만 원씩 총 100만 원을 지역 화폐로 지급하는 청년 배당 정책은, 특히 소득 요건을 따지는 서울의 '청년 수당' 정책과 비교되며 한국 사회에서 본격적으로 기본소득을 둘러싼 논쟁이 증폭되는 계기가 되었다. 성남시 청년 배당은 2019년 경기도 '청년 기본소득'으로 확대되는 밑거름이 되었다.

기본소득을 시도한 나라들

우리나라 사람들은 보통 세계의 흐름에 민감하다. 그래서 기본소득 얘기를 꺼내면 어느 나라에서 기본소득을 하고 있냐는 질문을 많이 받는다. 결론부터 말하면 기본소득을 하고 있는 '나라'는 지금 없다. 하지만 과거에는 있었고, 지금도 국가 단위는 아니지만 기본소득을 시행하는 지역은 있다.

알래스카

먼저 1959년 미국의 49번째 주로 편입된 알래스카다. 알래스카는 1982년부터 기본소득을 지급하고 있다. 1968년 프루드호 베이Prudhoe Bay에서 대규모 유전이 발견된 후 1974년 주지사가 된 공화당의 제이 해먼드Jay Hammond는 주가 소유한 땅에서 나오는 이 유전의 수입을 주의 예산과 주민의 영원한 소득원천으로 삼아야겠다고 생각했다. 그리하여 1976년 주 헌법을 개정하고 주민 투표를 통과해 알래스카 영구 기금Alaska Permanent Fund이 조성됐다.

석유 수입의 25퍼센트 이상을 계속 영구 기금에 투입하고 그 기금을 공기업인 '알래스카 영구 기금 회사Alaska Permanent Fund Corporation · APFC'가 주식, 채권 투자 등으로 운용하여 그 운용 수익을 1년 이상 거주한 알래스카 주민에게 매년 n분의 1로 균등 배당dividend하도록 한 것이다. 펀드는 무럭무럭 자라 현재 540억 달러(64조 원)를 넘어섰다. 석유가 고갈되어도 애초 의도대로 미래 세대 모두가 함께 누릴 수 있는 '영구' 기금이 된 것이다.

1982년부터 시작된 주민 배당은 운용 수익에 따라 매년 지급 액수가 일정하지 않은데 2008년 1인당 연 3269달러(390만 8841원)가 역대 최고액이었다. 알래스카 영구 기금 배당은 큰 액수는 아니지만 빈곤율을 떨어뜨리고 삶의 의욕을 높이는 데 일조했다. 특히 미성년자, 원주민, 농촌 주민에게 크게 도움이 된 것으로 조사된다. 한편 '제주 삼다수'는 제주특별자치도개발공사라는 공기업이 제주도 화산 암반수를 끌어 올려 만들고 있다. 수십 년간 '먹는 샘물 PET' 부문에서 1위를 달리고 있는 이 기업의 수익이, 알래스카 영구 기금처럼 주민에게 배당할 기본소득의 재원이 될 수도 있는 것이다.

이란

지금은 중단됐지만 이란은 2010~2016년에 세계 최초로 전국적 기본소득을 실시한 나라다. 이란은 이라크와 전쟁을 한 1980년부터 국민에게 막대한 식량과 에너지 보조금을 지급해 왔다. 보조금은 이들의 시장 가격을 극도로 낮게 유지했고, 인구 8000만의 이란은 미국에 이어 휘발유 소비량 세계 2위에 오르게 되었다. 그러나 국제 유가에 비해 너무 저렴했던 탓에 석유 밀수출이 빈번해졌고, 결국 산유국임에도 불구하고 이란은 석유를 수입하는 지경에 이르렀다. 대기 오염은 심각했고 에너지 보조금은 역진적이었다. 에너지를 많이 쓰는 상위 1퍼센트가 하위 1퍼센트보다 보조금 혜택을 열두 배나 더 보는 것으로 드러났다.

이에 대응해 이란 정부는 2010년부터 보조금 대신 전 국민에게 매월 40달러를 지급하기 시작했다. 기본소득을 받으려면 납세 신고를 해야 했기에 부유층 다수는 기본소득 수령을 스스로 포기했다. 매월 40달러란 액수는 이란 중위소득의 29퍼센트 수준이었고, 기본소득 연간 지급 총액은 GDP의 6.5퍼센트에 해당했다. 보조금을 폐지하고 기본소득을 지급함으로써 국내 유가는 올랐다. 하지만 에너지 보조금의 역진성이 해소되어 에너지를 적게 쓰는 저소득층은 보조금 지급 때보다 훨씬 이익을 보았다. 석유 밀수출이 줄어들고, 에너지 소비와 수입이 모두 20퍼센트가량 감소함에 따라 대기까지 개선되었다. 우려했던 고용 감소는 발생하지 않았다.

그러다 2016년, 예산 적자가 늘어나면서 이란 정부는 자산 조사에 따른 현금 지급으로 정책을 바꿨다. 그 결과 수혜자는 크게 줄었다. 세계 최초라고 할 수 있는 이란의 기본소득 시행은 여러 가지 교훈을 남긴다. 기본소득은 사회적 빈곤과 생태적 위기 모두와 싸우는 효과적인 수단이 될 수 있다는 점, 그리고 부유층에 대한 과감한 누진 과세와 안정적인 재원 확보 없이는 지속이 어렵다는 점이다. 즉 시스템의 변경이 필수적으로 수반되어야 한다.

스위스

2018년 11월 17일 프랑스에서는 '노란 조끼 시위'라는 대규모 시위가 발발했다. 시위에 참여한 사람들이 프랑스 교통법에 따라 차량에 항상 비치해야 했던 노란색 조끼를 입고 나타났기 때문이다. 이 운동의 직접적 원인은 유류세 인상이었다. 온실가스 배출량 감소를 위해 인상한 세금(2014년 CO_2 1톤당 7유로에서 2018년 44.6유로)은 연료 가격의 상승을 낳았고 일반 시민의 삶은 궁핍해졌다. 유류세 인상은 안 그래도 마크롱 정부를 반대하던 노동자들을 격분시켰다. 시위가 격렬해짐에 따라 에마뉘엘 마크롱 프랑스 대통령은 결국 같은 해 12월에 유류세 인상을 철회할 수밖에 없었다.

그에 반해 스위스는 2008년부터 난방용 연료에 CO_2 1톤당 12스위스프랑의 탄소세를 부과한 것을 시작으로 지속적으로 탄소세율을 높여왔고, 2018년에 CO_2 1톤당 96스위스프랑까지 탄소세가 8배 수직 상승했는데도 시위가 일어나지 않았다. 그 비결은 생태 배당이다. 스위스는 탄소세로 걷은 액수의 3분의 1은 건물과 주택의 에너지 개량 사업 등에 사용하고 나머지를 주민과 법인에 배당으로 되돌려 주고 있다. 스위스에서 3개월 이상 거주한 사람들은 모두 개인별 건강 보험에 가입해야 하는데, 이때 사용되는 건강 보험 계좌로 입금받거나 건강 보험료에서 차감하는 식으로 배당을 받을 수 있다. 그 결과 2018년 난방용 연료 사용이 1990년 대비 28.1퍼센트나 감소하는 놀라운 결과를 낳았다. 반면 탄소세를 부과하지 않은 자동차 연료는 같은 기간에 소비가 3.3퍼센트 늘어났다. 스위스 의회는 자동차 연료에도 탄소세를 확대할 것을 고려하는 중이다.

탄소세는 온실가스 배출 억제를 위해 좋은 제도이지만 서민에게 상대적으로 더 큰 타격을 주는 역진적인 세금이다. 기본적으로 간접세이기 때문이다. 하지만 탄소세로 걷은 재원을 생태 배당으로 돌려주게 되면, 탄소세는 연료 과잉 소비자가 많이 부담하고 생태 배당은 똑같이 n분의 1로 지급되어 소득 재분배 효과가 발생한다. 내야 할 탄소세액보다 돌려받는 생태 배당금이 더 많은 다수는 탄소세율 인상을 자연히 지지하게 된다. 이것이야말로 지구도 좋고 사람도 좋은 길이다.

다만 명심할 것은 배당을 하려고 탄소세를 걷는 것이 아니라는 점이다. 거꾸로 탄소세를 올리기 위해 배당을 하는 것이다. 생태 배당을 하게 되면 탄소세로 인해 상승한 연료비를 부담하기 어려운 계층이 탄소세 인상에 부담을 갖지 않게 되고, 탄소 배출이 줄어들 때까지 탄소세율을 올릴 수 있다. 탄소세율이 오를수록 난방 과소비는 교정되고, 탄소세 부과가 없어 상대적으로 저렴해진 재생 에너지로 전환하도록 유도할 수 있다. 역설적이게도 탄소세를 내지 않는 상황을 만들기 위한 배당이다.

따라서 탄소세에 기초한 생태 배당은 지급 방식이 기본소득의 5대 원칙을 충족하고 있지만, 지속적인 기본소득 모델이라 볼 수 없다. 탄소세와 배당의 종식이 그 궁극적 목표이기 때문이다. 탄소 배출이 없는 세상이 이 모델의 목표다. 또한 탄소세·배당만 가지고는 현재의 기후 위기를 극복할 수 없다는 점도 주지해야 한다. 이 글은 기본소득에 관한 것이므로 여기서 다루지는 않지만, 기후 위기 극복을 위해서는 내연기관차 금지와 비행기 운행 제한, 공장식 축산 금지 등 다양한 조치가 함께 필요하다.

2 기본소득은 사회주의인가

기본소득엔 배급도 국유화도 없다

기본소득 얘기를 꺼내면 제일 많이 듣는 질문이 있다. "그거 사회주의 아닌가요?" 사회주의에는 정말 다양한 조류가 있다. 의문을 던지는 사람마다 머리에 있는 사회주의의 모습은 조금씩 다를 수 있지만, 우리나라의 통념상 시장 경제 부정, 사유재산 부정, 국유화, 계획 경제, 독재, 배급 등의 이미지를 떠올려볼 수 있겠다.

보통 기본소득을 사회주의라고 비판할 때 그 근거가 되는 것은 국가가 국민에게 돈을 직접 준다는 것에 있다. 사회주의는 국가가 돈을 주는 정치 체제일까? 1991년에 지구상에서 소멸한 소련 등 동유럽 사회주의 국가가 기본소득을 준 적은 단 한 번도 없다. 대신 그 나라들에는 배급 제도가 있었다. 자본주의 경제 체제에서도 국가의 특수 목적, 예컨대 전시의 군사력 강화를 위해, 저개발국의 경우엔 경제 성장의 촉진을 위해, 혹은 특정 물품의 공급이 원활하지 않을 때 배급이 시행되는 일이 있었다. 다시 말해 통상적인 시장 기구를 통해 물품의 합리적인 유통이 불가능할 때 국가가 개입하여 물품을 강제 조달한 것이다.

구舊사회주의 국가에서의 배급 제도는 이보다 규모가 훨씬 크고 전일적인 것이었다. 구사회주의 체제에서의 경제는 생산과 소비를 비롯한 모든 경제 행위가 중앙의 총괄적이고 전체적인 계획에 따라 통제되고 운영됐다. 따라서 이러한 체제에서 배급 제도는 중앙의 계획 경제에 있어 원천적이고 필수적인 제도였다. 그렇다고 구사회주의 체제나 지금의 북한 같은 나라에서 모든 물품이 배급을 통해서 전달되는 것은 아니다. 사회주의 체제에서도 크고 작은 시장 제도가 늘 함께 존재했다. 다만 배급이 경제에서 차지하는 지위가 자본주의보다 높고 주민의 욕구와 생활을 통제하는 기본적인 수단으로 작동했다는 것이다.

만약 물품을 배급하는 것 대신 현금을 주면 어떻게 될까? 쌀은 필수품이지만 쌀 한 가마니를 주는 것과 쌀 한 가마니를 살 수 있는 현금을 주는 것은 다르다. 전자로 할 수 있는 것은 밥을 짓는 것뿐이다. 쌀을 내고 책을 사거나 영화를 볼 수는 없다. 하지만 현금을 받는다면 필수품과 기호품 사이에서 스스로 현명한 선택을 할 수 있다. 쌀을 현금으로 바꿀 수는 있겠지만, 애초에 현금을 준다면 그런 수고는 필요 없다.

서비스도 비슷하다. 전기는 필수품이다. 만약에 모든 가구에 매월 300킬로와트시kWh의 전기를 무상 사용할 수 있는 바우처voucher를 지급한다고 해 보자. 이것은 모든 가구에게 그만큼의 전기를 쓰도록 독려하는 것과 같다. 남겨 봤자 현금으로 환급해 주는 것도 아니고 다음 달로 이월되는 것도 아니기 때문이다. 이것은 기후 위기 시대에 에너지 낭비를 제도화하는 것이다. 그럼 무상 바우처의 전기량을 적절한 수준으로 조절하는 것은 어떨까? 그런데 과연 그 '적절함'은 누가 어떻게 정할 수 있을까? 국가가 현명한 결정을 할 수 있을까? 기본소득 지지자들은 국가가 가부장처럼 이런 결정을 대신 해 주기를 원치 않는다. 기본소득은 시민의 자유로운 선택의 범위를 넓히는 데 관심이 있다.

위와 같이 기본소득은 배급과 전혀 다르다. 배급은 물품을 주는 것이고 기본소득은 현금을 주는 것이기 때문이다. 배급은 당국이 국민의 욕구를 통제하는 수단이고 기본소득은 그것을 어떤 욕구에 쓸 것인지 자신이 결정하는 것이다. 그리고 욕구 충족을 위해 현금을 사용하는 장소는 바로 시장이다. 기본소득은 충분히 발전한 시장 경제를 기초로 작동한다. 우리는 앞서 기본소득의 5대 특징 중 하나가 '현금 지급'임을 확인했다. 그것은 시민의 자유로운 선택을 존중한다는 의미다. 기본소득 지지자들은 개인의 자유와 사생활을 침해하는 당국의 지나친 개입, 사회적 통제를 우려한다. 기본소득은 이런 점에서 '자유주의'의 정신과 연결되어 있다.

기본소득은 생산 수단의 국유화와도 아무 관련이 없다. 물론 나라의 근간을 이루는 철도나 항공, 발전, 금융 등의 산업은 필요에 따라 국·공유화 할 수 있다. 최근 코로나 사태 이후 줄도산 위기에 빠진 항공사의 국유화가 자유주의 진영의 대표 격인 미국에서 논의되기도 했다. 하지만 이러한 기간산업이 아닌 보통의 기업들을 국·공유화해야 한다는 생각은 기본소득의 생각과 한참 거리가 멀다. 기본소득 지지자들은 이 문제와 관련하여 '공유지분권'이라는 전혀 다른 아이디어를 가지고 있는데, 이것은 뒤에서 다루도록 하겠다.

2018년 핀란드에서 제 18차 기본소득지구네트워크 대회가 열렸을 때의 일이다. 한국의 학자들이 진행하는 세션이었는데 플로어에서 한 중국 참가자가 발언권을 얻었다. 그는 중국은 국영 기업이 압도적으로 많기 때문에 세계에서 가장 먼저 기본소득을 할 수 있을 거라고 웅변을 토했다. 그때 기본소득지구네트워크의 공동 창립자 중의 하나인 가이 스탠딩Guy Standing이 일어나서 (이 분은 '일어나서' 말하기를 좋아한다) 그 중국인에게 날카롭게 반문했다. "당신들 중국인은 그 중국 국영 기업에 대해서 거버넌스governance를 가지고 있느냐?" 그 중국인은 답을 하지 못했다.

기본소득은 국유화를 원하지 않으며, 국유화를 한다고 기본소득이 나오는 것도 아니다. 국영 기업의 수익이 기본소득의 재원으로 기능하려면 앞서 가이 스탠딩이 지적한 것처럼 국민이 그 기업의 실질적 주인이어야 가능하다. 제주도민은 삼다수를 만드는 제주특별자치도개발공사의 주인이 아니다. 공공public이라고 해서 공동common의 것은 아니다. 기본소득은 민영화냐 국유화냐, 사기업이냐 공기업이냐 같은 전통적인 좌·우파 대립의 한 편에 서 있지 않다. 기본소득은 이 대립을 초월한 완전히 색다른 사고다.

기본소득의 시장 친화적인 성격을 두고 이른바 좌파들은 기본소득이 자본주의의 도구에 불과하다고 비판하기도 한다. 보통 사회당, 사회민주당, 노동당 등의 이름을 가진 유럽의 중도 좌파 사회 민주주의 정당들이 그렇다. 기본소득이 '노동 친화적'이지 않다는 이유에서 '자본 친화적'이라 비판하며 대체로 기본소득을 거부한다. 공산당 등은 더 말할 것도 없다. 2017년 프랑스 대통령 선거에 출마한 사회당의 브누아 아몽Benoît Hamon은 기본소득을 공약으로 내걸고 출마했지만 결선 투표에 오르지도 못하고 5위로 낙선했다. 유럽 좌파에서 아몽 같이 기본소득을 지지하는 경우는 매우 드물다.

기본소득은 노동 여부와 관계없이 소득을 지급하는, 따라서 노동과 소득 사이의 전통적인 연결 고리를 끊는 아이디어다. 그에 반해 사회당과 공산당 같은 전통적인 좌파는 여전히 '노동 윤리'에 기초하여 완전 고용을 목표로 하고 있다. 따라서 기본소득은 유럽에서 보통 녹색당, 그리고 전통적인 좌파가 아닌 진보 정당들이 지지하고 있다.

억만장자들은 왜 기본소득을 지지할까

기본소득은 유명한 억만장자들의 입을 통해 매스컴에 자주 오르내린다. 기본소득을 지지하는 대표적인 사람이 테슬라의 창업자 일론 머스크와 페이스북(현 메타)의 창업자인 마크 저커버그다. 일론 머스크는 짧게 자주 기본소득에 대해 언급했다.

> "자동화로 인하여 보편적 기본소득 혹은 그와 유사한 어떤 것으로 귀결될 가능성이 매우 크다." (2017.2.) "로봇이 사람보다 일을 못하는 경우는 점점 더 줄어들 것이다. 대량 실업을 어찌할 것인가? 거대한 사회적 도전이 있을 것이다. 나는 궁극적으로 우리가 보편적 기본소득과 같은 것을 가지게 되리라 생각한다. 다른 선택의 여지가 없다." (2021.8.) "위험하고 반복적이며 지겨운 일은 로봇이 하게 될 것이다. 본질적으로 미래에는 물리적인 노동은 선택이 될 것이다. 그런 이유로 나는 장기적으로 보편적 기본소득이 필요하리라 생각한다." (2016.11.)

프롤로그를 장식했던 인용문은 마크 저커버그가 페이스북 창업을 위해서 자퇴했던 하버드 대학의 2017년 졸업식 축사에서 했던 말이다. 그 연설에서 그는 다음과 같은 말도 했다.

> "나는 하버드를 떠나 10년 만에 수십억 달러를 벌고 있는데 수백만 명의 학생들이 창업은커녕 학자금 대출도 못 갚고 있는 우리 시스템은 뭔가 잘못되었다.", "내가 코딩을 할 시간에 가족을 부양해야 했다면 ...... 나는 오늘 여기에 서 있지 못할 것이다. 가장 위대한 성공은 실패할 자유로부터 나온다."

한편 마크 저커버그는 알래스카를 방문하여 알래스카 영구기금 배당에 큰 감명을 받았다. 특히 알래스카 영구기금을 만든 제이 해먼드Jay Hammond 주지사가 공화당 소속이었음을 염두에 두며 같은 해 7월 다음과 같이 말했다.

> "몇 가지 점에서 이것은 기본소득에 대한 참신한 접근법이다. 첫째, 증세를 하지 않고 천연자원으로부터 재원이 나온다. 둘째, 큰 사회 안전망이라는 진보적 원리가 아니라 작은 정부라는 보수적 원리로부터 생겨났다. 이것은 기본소득이 민주당과 공화당을 아우르는 아이디어라는 점을 보여준다."

왜 이런 억만장자들은 기본소득을 지지하는 것일까? 물론 초국적 기술 기업의 CEO로서 자동화가 실업을 낳고 실업은 시장 수요의 감소로 이어져 자신의 기업의 물품과 서비스를 구매할 소비자가 줄어들 것에 대한 우려가 영향을 미쳤을 것이라는 점을 부정할 수 없다. 기본소득은 상품에 대한 수요를 유지해 주는 새로운 방법이 될 수 있으니 말이다. 다만 이는 다소 속류 유물론[3]적인 시각이다. 이들은 이미 가지고 있는 돈도 다 쓰지 못할 정도로 어마어마한 부자다. 단순히 사업가적 동기에서 기본소득을 지지하고 있다고 보는 것은 편협한 접근이다.

억만장자임에도 불구하고 그들이 기본소득을 지지한다면 오히려 이런 설명이 타당할 것이다. 자동화 기술과 인공지능의 발전은 노동 소득의 몫을 급격히 줄일 것이기 때문에 심각한 사회적 양극화와 빈곤 문제가 대두될 것이다. 이런 "사회적 도전", 억만장자 입장에서 읽는다면 "사회적 불안"을 해결하고 파국을 막을 방법은 기본소득밖에 없다고 그들은 여기는 것이다. 즉, 기업 경영자가 아니라 사회사업가의 관점에서 기본소득을 지지하고 있다고 보는 것이 적절하다. 초국적 기술 기업의 정점에서 사태를 보고 있기 때문에 다른 사람들보다 이 변화에 대한 체감이 빠른 것일 수도 있다.

이들의 시각에 동의하건 동의하지 않건 생산과 노동의 변화에 따른 사회의 대응 양식을 논의하는 것은 유익하다. 인공지능 등 기술 혁신으로 인한 자동화의 성과를 소수가 독점하는 것이 아니라 그것을 사회 혁신으로 이어 어떻게 하면 모든 사람이 그 성과를 누릴 수 있게 할 것인가를 고민해야 한다. 기술 혁신이 다수의 사람을 노예로 만드는 것이 아니라 반대로 사람들을 자유롭게 하는 도구가 되어야 한다는 문제의식 말이다.

그런 이유에서 미국 캘리포니아주 실리콘 밸리의 기업가 중에는 기본소득 지지자들이 많다. 대표적인 사람이 실리콘 밸리의 스타트업 창업을 지원하는 기업 '와이 컴비네이터Y Combinator'의 샘 알트먼Sam Altman이다. 와이 컴비네이터는 '에어비앤비AirBnB', '드롭박스Dropbox'와 같은 기업에 시드 펀딩seed funding을 한 스타트업 엑셀러레이터accelerator다. 와이 컴비네이터는 리서치 랩을 만들어 기본소득 실험에 착수했다. 그들은 실험 착수의 동기에 대해서 이렇게 말한다.

> "일의 속성이 근본적으로 변하고 있으며, 노동 시장의 불확실성이 증가하면서 노동자들에게 충분한 임금과 안정성 제공을 못 하고 있다는 인식이 동기 부여가 됐다. '새로운 기술은 굉장한 부를 창출하는데, 왜 이 기술은 미국의 빈곤을 해결하는 데 사용되지 않을까?'라는 윤리적 고민도 이 실험에 출발하는 데 기반이 됐다."

미국의 혁신 기업가들 사이에서 기본소득에 대한 지지가 커지는 가운데, 한 중국계 미국인은 2020년 대통령 선거에 출마를 선언하고 민주당 경선에 참여했다. 바로 앤드류 양Andrew Yang이다. 그의 핵심 공약은 '자유배당금Freedom Dividend'이라 명명된 보편적 기본소득이었다. 그는 18세 이상의 모든 미국 시민에게 월 1000달러(120만 원)의 기본소득을 지급하겠다고 말했다. 일론 머스크와 할리우드 배우 니콜라스 케이지Nicolas Cage도 앤드류 양을 지지했다. 아쉽게도 민주당 경선에서 중도 사퇴하여 뜻을 이루진 못했지만, 1972년 민주당 대통령 후보 조지 맥거번George McGovern의 선거 강령에 잠시 포함됐던 '시민보조금demogrant' 이래 48년 만에 대선에서 기본소득 의제가 호명되는 일대 사건이 되었다.

최근의 기본소득 논의를 통해서 우리가 확인할 수 있는 것은 분명하다. 기본소득은 보수주의와 진보주의, 우파와 좌파, 부자와 빈자의 한 편에 서 있지 않고, 기존의 정치적 대립 구도를 교차하며 횡단하고 있다. 최소한 좌파의 전유물이 아니란 점은 분명하다.

기본소득을 주면 일하는 사람이 있을까

다들 기본소득을 주면 사람들이 게을러지고 일하는 사람이 없어지지 않을까 하는 걱정을 한다. 그런데 그렇게 생각하는 사람들에게 "그럼 당신도 기본소득이 생기면 게으름을 피울 것이냐"고 물어보면 자신은 그러지 않을 것이라 대답한다. 요컨대 남들이 게을러질까 봐 걱정이라는 것이다.

독일의 기본소득 운동가 다니엘 해니Daniel Häni와 에노 슈미트Enno Schmidt가 만든 다큐멘터리 영화 〈기본소득: 문화적 충동〉에는 이 질문에 대한 독일인들의 답변 결과가 나온다. 응답자의 60퍼센트가 지금의 일을 계속할 것이라 대답했고 30퍼센트는 일을 좀 줄이고 다른 일을 하겠다고 답했다. 하지만 다른 사람들은 어떻게 할 것 같냐는 질문엔 80퍼센트가 일을 그만둘 것 같다고 답했다.

이 우려의 실체를 파악하기 위해 실제로 기본소득을 지급하고 있거나 지급했던 곳의 사례를 보는 것이 적절할 것이다. 앞에서 살펴본 알래스카와 이란 어디에서도 기본소득 지급 이후 노동 공급이 줄었다는 증거는 제출된 바 없다. 2018년 2월에 독일 노동연구소Institute for the Study of Labor · IZA가 낸 보고서에 따르면 1982년 알래스카 영구기금 배당이 시작된 이래 배당은 고용에 아무런 영향을 미치지 않았고 오히려 파트타임 일을 하는 사람이 1.8퍼센트 증가했다고 한다.

미국 노스캐롤라이나주의 인디언 보호구역에 사는 체로키Cherokee족의 사례는 인상적이다. 체로키족은 1994년 카지노와 호텔을 세우기로 하고 1997년 11월에 마침내 '하라스 체로키 카지노Harrah's Cherokee Casino'를 개장했다. 처음엔 많은 사람들이 카지노가 술과 범죄, 나태를 가져와 지역과 부족을

망칠 것이라 우려했다. 체로키 족은 카지노 건립과 함께 또 하나의 중요한 결정을 했는데, 카지노 수익의 절반은 부족 의회 기금으로 적립 사용하고 나머지 절반은 약 1만 5000명의 주민에게 연 2회 현금 지급을 하기로 한 것이다. 액수는 카지노 수익에 따라 변동했는데, 2006년에는 1인당 연간 9000달러, 2010년에는 7347달러에 달했다. 아동도 성인과 동일한 액수를 받았다. 양육자에게 지급하지 않고 성인이 될 때까지 적립했다가 성인이 되면 적립액을 지급하는 방식이었다.

그 결과는 놀라웠다. 아동의 행동 및 정서 장애가 무려 40퍼센트나 감소했고 고교 졸업률이 상승했다. 세대 간의 관계가 개선되었고 부모의 주류 소비가 감소했으며, 아동이 성인이 되었을 때 약물에 중독되거나 정신 질환에 걸리는 경우가 33퍼센트나 감소했다. 카지노 배당금을 받은 사람의 노동 시간 감소는 없었으며 떨어진 것은 범죄율이었다. 기본소득이 개인의 소득을 증가시키는 정도에서 그치는 것이 아니라 의료비, 치안 및 교정 시설의 운영비 또한 줄여준다는 것이 입증된 것이다.

기본소득을 받게 되면 게을러지는 것이 아니라 정신 건강이 개선되고 삶의 의욕이 높아진다는 사실은 캐나다, 나미비아, 케냐, 바르셀로나, 인도 등에서 일어난 수많은 기본소득 실험pilot에서도 반복적으로 입증된 바 있다. 2017~2018년에 진행된 핀란드의 기본소득 실험은 북유럽 복지 국가를 대표하는 나라의 실험이라 우리나라에서도 크게 주목받았다. 특히 핀란드 실험은 세계 최초로 중앙 정부 차원에서 전국 단위로 한 실험이라는 점이 중요하다. 또한 이 실험은 당시의 중도우파 연립 정부가 '기본소득이 근로 의욕을 증진하는지'를 측정하는 것이 실험의 주요 목적이었기 때문에 지금의 주제와 밀접한 관계가 있다.

실험의 설계는 다음과 같았다. 먼저 실업부조의 일종인 '기초 실업 보장'을 받는 25~58세의 실업자 2000명을 무작위로 추출하여 의무적으로 실험에 참여하게 했다. 의회는 이를 위해 법안까지 통과시켰다. 기초 실업 보장의 세후 평균 수령액은 월 560유로(75만 원) 정도였는데, 이와 동일한 월 560유로를 기초 실업 보장이 아닌 기본소득으로 받게 하여 그 변화를 측정하는 실험이었다. 즉, 실험 참여자가 실험 전과 실험 후에 수령하는 금액의 변동은 발생하지 않고 그 금액의 '명목'만 달라지는 것이었다.

같은 금액을 명목만 달리한다는 것이 무슨 의미인가? 실업부조는 실직 상태일 때 받는 것이므로 풀타임이건 파트타임이건 일을 하게 되면 수령이 불가하다. 하지만 기본소득의 특징 중 하나는 무조건성이므로 고용 상태와 상관 없이 그 금액에 변동이 없다. 즉 실업자는 일을 하는 순간 실업부조가 없어지므로 일하려는 동기가 약한 대신, 기본소득 수령자는 일을 시작하면 기본소득에 임금을 더한 금액이 총소득이 되므로 일할 동기가 더 클 수 있다. 이것이 실험 주체의 가정이었다. 또한 실업부조는 구직 활동을 하고 있다고 입증해야 할 의무가 주어지는 반면, 기본소득은 아무 조건이 없다는 점, 실업부조는 노동 시장 탈락자라는 굴욕감을 주지만 기본소득은 그렇지 않다는 점 등의 차이도 있다.

실험 결과는 다음과 같았다. 실험 기간 동안 기본소득 수령자는 연간 평균 78일을 일했고, 대조 집단, 즉 기초 실업보장 수령자는 연간 평균 73일을 일했다. 평균 5일을 더 일한 것이다. 다만 핀란드 정부는 실험 도중에 실업자가 적극적인 구직 노력을 하지 않으면 실업 급여의 4.65퍼센트를 삭감하는 정책인 '활성화 모델'을 도입했다. 만약 이 모델을 도입하지 않았거나 실험이 2년보다 더 길었더라면 근로일의 차이는 5일보다 더 커졌을 것이다. 그 외에 기본소득 수령인은 우울증이 10퍼센트포인트 감소했고 10점 만점으로 평가한 삶의 만족도 수치가 대조 집단의 6.8점보다 훨씬 높은 7.3점을 기록했다. 전반적으로 기본소득 수령자는 삶의 질이 올라가고 스트레스는 감소했으며 집중력과 자신감이 증가한 것으로 보고됐다.

한국의 주요 언론들은 핀란드 실험이 시작되기 전부터

진행 중인 동안에도, 기본소득을 받으면 일을 덜 하게 될 것이라고 예단했다. 실험이 끝나고 오히려 기본소득을 수령한 집단이 일을 더 한 것으로 드러나자 이번에는 고용률이 목표만큼 크게 개선되지 않았다고 논조를 바꿨다. 대표적인 곳이 83개 대기업이 대주주로 있는 《한국경제》다. 2018년 4월 24일, 기본소득 실험 중의 기사 제목은 "공짜 소득에 근로 의욕 떨어져"였지만, 실험이 끝난 뒤인 2020년 5월 7일에는 "고용률 개선이라는 당초 목표 달성에 실패"라는 제목으로 보도했다.

기본소득을 받으면 일을 덜 하게 될 것이라는 생각은 심리적인 편향이거나, 사실 관계에 대한 무지 혹은 왜곡이다. 그런데 일을 덜 할 것이라는 우려가 과연 우리나라 현실에서 적절한가? 근로기준법 제 50조는 1주의 근로 시간을 40시간 이하로 규정하고 있다. 흔히 언급되는 '주 52시간'은 당사자 간에 합의했을 시에 가능한 '연장 근로' 규정임을 제 53조가 말하고 있다. 그럼에도 모두가 마치 주 52시간이 법정 근로 시간인 것처럼 말한다. 심지어 사업주들은 52시간도 적다고 아우성을 친다. 노동자들은 먹고살기 위해 '로켓배송', '새벽배송', '샛별배송'을 강요받는다. 이러한 현실에서, 덜 일할까 봐 걱정하는 것이 과연 타당한가?

우리나라는 OECD 회원국 중 최장 노동을 자랑한다. 일하다 쓰러져 죽는 우리 사회는 일을 줄여야 한다. 기본소득을 받고도 일을 그대로 할지, 기본소득을 받고 일을 줄일지 결정하는 것은 일하는 사람이 자유롭게 선택할 문제다. 그러나 그 이전에 기본소득을 통해서 일을 줄일 수 있는 여건을 조성하는 것이 우선되어야 한다. 기후 위기 시대는 에너지 처리량과 물질적 생산을 줄여야 하는 시대다. 노동 시간의 단축은 이런 맥락에서도 필요하다.

결국 세금을 더 걷겠다는 것 아닌가

앞서 논의했듯 이념적 색안경을 끼고 기본소득을 보는 것은 무용하다. 그럼에도 막상 현실에 적용한다고 생각하면 이러한 의문이 고개를 든다. 결국 세금을 더 걷겠다는 것 아니냐는 물음이다.

이 세상에 세금을 더 내고 싶은 사람은 없을 것이다. 하지만 세금은 정부의 주요 수입원이고 세금이 없다면 정부가 기능할 수 없다는 것을 우리는 동시에 알고 있다. 세금을 내고 싶지 않은 마음과 정부의 불요불급한 세입은 사람들로 하여금 쉽게 '작은 정부small government'라는 대안을 떠올리게 한다. 정부의 기능과 규모를 축소하고 세금과 재정 지출을 줄여 경제의 운용을 기본적으로 시장에 맡기는 것이다. 이때 주로 축소되는 것은 공공 서비스와 같은 사회 복지, 그리고 규제나 공공 투자와 같은 시장 개입이다.

만약에 경제학원론의 가정처럼 시장 참여자의 경제적 힘이 동등하고 정보가 균등하다면 시장은 실패 없이 잘 작동할 것이다. 다만 시장은 생겨난 이래 단 한 번도 그랬던 적이 없다. 항상 '기울어진 운동장'이었다. 따라서 시장을 내버려 두면 항상 시장 내부의 권력이 작동하여 자원과 부가 한쪽으로 쏠리게 된다.

1970년대 선진국에서 경기 불황 속에 인플레이션이 함께 일어나는 스태그플레이션stagflation이 발생하면서 규제 완화deregulation와 감세tax cut, 사유화나 다를 바 없는 민영화privatization로 무장한 '신자유주의' 아이디어가 득세하기 시작했다. 1979년 영국 수상 마거릿 대처Margaret Thatcher의 보수당 정부 수립과 1980년 미국 로널드 레이건의 대통령 당선은 만개의 신호탄이었다.

신자유주의 이론가들의 주장대로 '낙수 효과trickle-down effect'가 발생하여 부유층의 소득 증대가 전 국민의 풍요로움으로 이어졌을까? 앞에서 살펴본 미국의 1980~2015년 소득 양극화 그래프는 신자유주의 이론이 거짓말임을 보여 준다.

그렇다면 미국의 소득 불평등이 그렇게 확대된 배후에는 무엇이 작동하고 있었을까? 바로 감세 정책이다. '세금을 줄여주면 투자가 촉진되고 투자가 촉진되면 성장이 일어나서 그 풍요를 모두 누리게 된다'는 단순한 이데올로기를 강변하며 공화당 레이건 정부와 부시 정부는 엄청난 세율 인하를 단행했다.

누진세의 의미

소득세는 대부분의 나라에서 '누진세progressive tax' 제도로 과세한다. 누진세란 소득 구간을 몇 개로 나누고 소득이 높은 구간의 '세율'을 높이는 것을 말한다. 물론 세율이 똑같은 비례세flat tax를 적용하더라도 소득이 많은 사람은 세금을 많이 낸다. 예컨대 세율이 10퍼센트로 고정되어 있다고 하면 1000만 원 번 사람은 100만 원을 내고, 10억을 번 사람은 1억을 낸다. 누진세는 이와 달리 예를 들어 1000만 원까지는 10퍼센트 세율, 1억까지는 20퍼센트 세율, 10억까지는 30퍼센트 세율, 이렇게 단계적으로 세율을 높여 부과하는 것이다. 이렇게 되면 아까의 10억 소득자는 어떻게 세금을 내게 될까?

①1000만 원까지는 10퍼센트 세율, 즉 100만 원.

②1000만 원에서 1억까지는 20퍼센트 세율, 즉 1800만 원(9000만 원×0.2).

③1억에서 10억까지는 30퍼센트 세율, 즉 2억 7000만 원(9억×0.3).

④누진세 총합은 이 모두를 더한 것으로 2억 8900만 원이다.

미국의 최고소득자 한계세율 추이

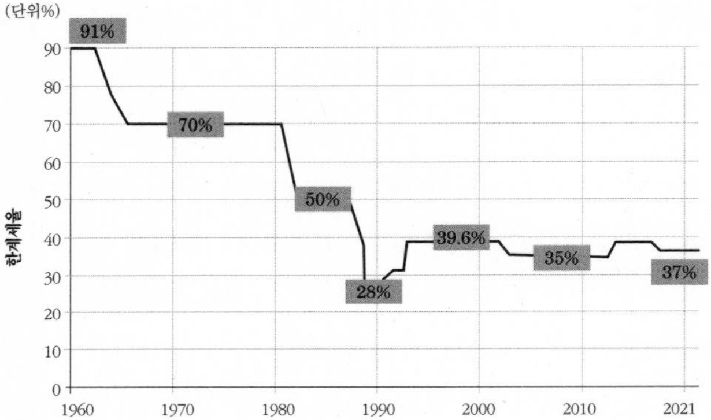

* Wikimedia Commons

아까의 1억보다 훨씬 늘어난다.

세율이 똑같더라도 어차피 많이 벌면 많이 내게 되어 있는데 거기에 구간별로 세율까지 높인다고 하니, 고소득자는 억울할 수도 있다. 하지만 자본주의 체제의 선진국 모두가 이런 누진세 제도를 운영한다. 왜일까? 그만큼 시장 경제는 소득 불평등이 심하게 발생하고 고소득 구간일수록 불로 소득 등의 불공정한 소득의 비율이 높으며, 그것을 정부가 개입하여 재분배하지 않으면 체제를 지킬 수 없기 때문이다. 누진세는 바로 이 점을 말해주는 제도다.

감세의 비밀

미국의 감세 정책을 설명하려고 먼 길을 돌아왔다. 10억 소득자의 예시에서 30퍼센트를 '한계세율' 혹은 최고세율이라 한다. 미국의 한계세율 추이 그래프를 보면, 미국의 최고세율은 1963년까지 91퍼센트였다. 당시 연간 소득 40만 달러를 넘는 소득에는 소득세율 91퍼센트가 적용됐다. 미국의 소비자 물가가 당시보다 9배 높아졌으므로 1963년의 40만 달러는 지금 360만 달러(43억 원) 정도 된다. 쉽게 말해 연간 43억을 상회하는 소득분에 대해서는 91퍼센트를 세금으로 걷어간 것이다. 자본주의 본산 미국에서 있었던 일이라고는 믿기 어려울 수도 있다. 하지만 이때가 바로 미국의 경제가 가장 좋던 시절이며 중산층이 가장 두터웠던 '아메리칸 드림'의 시기다.

어쨌든 이 최고세율은 1965년에 70퍼센트로 떨어졌다가 1982년에 로널드 레이건 행정부가 50퍼센트로 떨어뜨렸다. 1981년 제정된 '경제 회복 세법Economic Recovery Tax Act'을 통해서였다. 역사적인 사건이었지만 여기서 그치지 않았다. 1987년에는 38.5퍼센트, 1988년에는 28퍼센트까지 떨어졌다.

그다음부터는 최고세율을 둘러싼 민주당과 공화당의 핑퐁이 계속됐다. 1993년 민주당 클린턴 행정부가 들어서면서 최고세율은 39.6퍼센트로 올라갔지만 공화당 조지 W. 부

래퍼곡선의 예

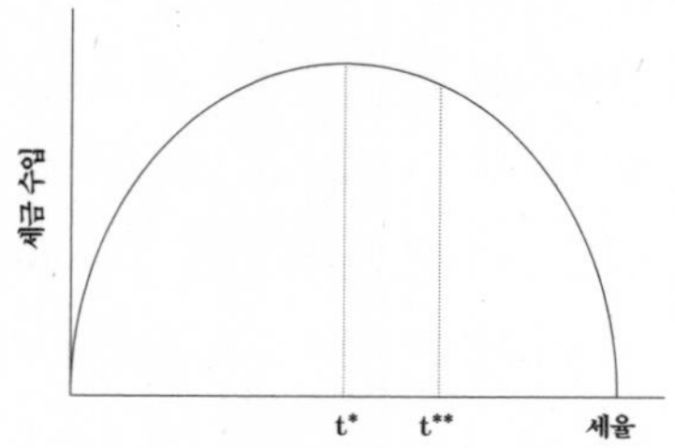

시 대통령 시절인 2003년은 다시 35퍼센트로 떨어졌고, 민주당 오바마 정권 시절인 2013년 39.6퍼센트로 올라갔다가 공화당의 트럼프 대통령 때인 2018년 다시 37퍼센트로 떨어졌다.

'작은 정부'를 신봉하는 공화당이 행정부와 의회 모두 과반수를 차지한 시점부터 여지없이 감세 법안은 의회를 통과하고 대통령은 이에 서명했다. 그들은 감세의 정당성을 설명하는 새로운 경제 이론까지 만들어 냈다. 그것이 그 유명한 '래퍼곡선Laffer curve'[4]이다.

상식적으로 세율을 높이면 세금수입(세수)도 증가하게 되어 있다. 그런데 래퍼 곡선의 지지자들은 세율 t*까지는 세율 증가가 세수 증가를 가져오지만 그 이상으로 세율을 올리면 세수가 오히려 감소한다고 주장했다. 만약에 현재의 세율

래퍼곡선의 거짓말

연도	소득세 최고세율	세수	세수 증가율
1977		3560억 달러	
1978		3990억 달러	12.1%
1979	70%	4630억 달러	16.0%
1980		5170억 달러	11.9%
1981		5990억 달러	15.9%
1982	50%	6180억 달러	3.2%
1983		6010억 달러	-2.8%

이 t^{**}에 있다면 세수는 t^{*}때보다 작을 것이며, 따라서 세율을 t^{*}수준으로 떨어뜨리면 세수는 오히려 증가할 것이라는 주장이다. 그야말로 감세를 위해 만든 곡학아세曲學阿世의 전형이었다. 어느 누구도 세수의 최대치를 가져오는 t^{*}지점은 알 수 없다. 따라서 특정 세율, 예컨대 t^{**}가 최대 세수를 가져오는

세율보다 높은지 낮은지도 당연히 판단할 수 없고, 지금보다 세율을 낮추는 것이 세수를 키우는지 줄이는지도 당연히 알 수 없다.

래퍼 곡선의 주장처럼 레이건 행정부의 감세 조치로 세수는 증가했을까? 소득세 최고세율을 인하하고 법인세 특혜 조치도 도입한 1982년 이래 세수의 증가세는 급격히 둔화했고 급기야 1983년에는 세수가 감소하기에 이르렀다. 게다가 세수가 줄었음에도 국방비 등 정부지출은 크게 늘렸기 때문에 이때부터 미 행정부는 기록적인 정부 부채를 기록하기 시작했다. 그 추세는 지금도 꺾이지 않고 있다. 레이건 행정부는 1984년 '적자감축법Deficit Reduction Act'을 제정했는데, 이는 스스로 래퍼 곡선이 거짓이었음을 자인한 것이었다.

감세란 때로는 '경기 부양'을 명분으로, 때로는 '낙수효과'를 근거로, 때로는 '세수 증가'의 거짓말로 초부유층의 불로 소득이 내는 세금을 줄이기 위해 동원됐다. 도널드 트럼프 대통령은 집권 후 소득세 최고세율을 39.6퍼센트에서 37퍼센트로 인하하는 등 소득세 모든 구간의 세율을 인하했으며, 연방 법인세율을 15~35퍼센트에서 21퍼센트로 단일화하는 등 엄청난 감세 정책을 시행했다. 트럼프 대통령은 2017년 당시 자신의 세제 개혁의 본질에 대해서 다음과 같이 말했다.

"세제 개혁의 혜택은 중산층에게 돌아가고 고소득자에게 돌아가지 않을 것임을 보증한다."[5]

"부자들은 이 세제 개혁으로 전혀 이익을 얻지 못할 것이다."[6]

실상은 전혀 달랐다. 2020년 소득 그룹별로 본 평균 세금은 최상위 1퍼센트는 4만 9950달러가 감소한 반면, 소득 40~60퍼센트 중위층은 780달러가 감소했고, 최하위 20퍼센트층은 겨우 60달러 감소에 그쳤다.[7] 결론적으로 트럼프 대통령의 말은 완전히 거짓말이었다.

증세 없이 복지를 논하는 나라

한국에서 '증세'란 말은 정치인의 금기어이자 '낙선'과 동의어다. 거꾸로 세금을 줄여주겠다고 하면 경제를 위하고 국민을 위하는 것처럼 환호를 받는다. 증세를 말하는 사람에겐 가끔 사회주의자라는 비난도 날아온다. 열심히 일한 사람을 벌하는 것이라는 이유다. 이게 사실이라면 유럽은 이미 다 붉게 물들었다고 봐야 한다. 앞에서 설명했듯 '세금을 많이 걷으면 사회주의'라는 식의 주장은 초부유층이 세금을 덜 내기 위해 만들어 낸 선동이다.

물론 머리로 안다고 가슴이 즉각 따라오는 건 아니다.

세금의 필요성을 알면서도 세금을 내기 싫은 이유는 자명하다. 세금이 제대로 쓰인다는 믿음이 없기 때문이다. 12월마다 파헤치는 도로와 보도, 생태 환경 파괴로 이어지는 국가의 지출, 잊을 만하면 터지는 세금 낭비 사례는 복지 국가를 지지하는 사람에게조차 세금을 내고픈 마음을 거둬버린다. 어차피 줄줄 새는 세금, 내가 더 보태 줄 이유가 뭐란 말인가?

2021년 기준 한국의 GDP는 세계 10위다. 반면 2020년 '국제투명성기구Transparency International · TI'의 부패 인식 지수로는 33위다. 한국처럼 경제력은 높은데 부패 지수는 높은 나라에서는 기본소득이 이러한 마음을 치유하는 특별한 효능을 발휘할 수 있다. 기본소득 목적세로 만든 세입은 일반 재정과 통합되지 않고 특별 회계로 관리된다. 100조 원을 거두면 100조 원 그대로 배당된다. 기본소득 지급을 위해 거둔 기여금contribution을 그대로 모든 사람에게 n분의 1로 나누기 때문에 누수가 생길 수 없다. 조세에 대한 불신이 사라지고 세금 혹은 기여금에 대한 믿음이 커질 것이다. 게다가 세금의 소득 재분배 효과에 대해 국민 모두가 피부로 직접 느낄 수 있다.

모든 사회 구성원에게 기본소득을 주려면 세금을 얼마나 더 걷어야 할까? 2019년과 2018년의 자료를 통해 OECD 회원 38개국 모두를 비교할 수 있다. 왼쪽은 소득세, 법인세, 부가가치세, 보유세, 양도세 등 각종 조세에 사회 보험 부담금

국민부담률(2019)(단위: %)	
덴마크	46.6
프랑스	44.9
스웨덴	42.8
벨기에	42.7
오스트리아	42.6
이탈리아	42.4
핀란드	42.3
OECD 평균	33.4
한국	27.3 (38개국 중 31위)

GDP 대비 사회복지지출 비율(2018)(단위: %)	
덴마크	28.7
프랑스	31.1
스웨덴	25.8
벨기에	28.8
오스트리아	26.9
이탈리아	27.8
핀란드	29.3
OECD 평균	20.1
한국	10.8 (38개국 중 37위)

* data.oecd.org

을 더한 금액이 GDP의 몇 퍼센트를 차지하는지 표시하는 통계다. 이것을 '국민부담률'이라고 부른다. 오른쪽은 사회복지지출을 다 더한 것이 역시 GDP의 몇 퍼센트를 차지하는지 나타내는 통계다.

여기서 우리는 중요한 사실을 확인할 수 있다. 첫째, 조세의 국민부담률이 높은 나라일수록 사회복지지출의 비율도 높다. 즉 고부담-고복지, 저부담-저복지 사회의 경향을 보인다는 것이다. 둘째, GDP 세계 10위인 한국은 국민부담률과 사회복지지출 비율이 모두 OECD 국가 중 하위권에 있다는 것이다. OECD 38개 회원국 중에 한국의 국민부담률은 31위, 사회복지지출 비율은 37위이다. 그렇다면 사회복지지출 비율 최하위는 어딜까? 멕시코다. 멕시코는 국민부담률, 사회복지지출 비율이 모두 38위로 가장 낮다. 한국 바로 위는 칠레, 터키, 코스타리카, 콜롬비아다.

세금을 많이 걷거나 국가가 국민에게 돈을 많이 주면 대한민국이 베네수엘라 같은 나라가 될까 봐 걱정하는 사람들이 많지만 사실 그것은 부적절한 비교다. 베네수엘라의 GDP는 세계 88위이며 한국은 10위다. 한국과 비슷한 규모의 경제력을 가진 나라가 아니기에 평면적으로 비교하는 것은 비합리적이다. 최소한 OECD 38개 회원국 내에서 비교하는 것이 적절하다. OECD 내에서 비교해 보면 한국은 멕시코, 칠레, 코스타리카, 콜롬비아 등 중남미 수준의 복지 국가이다. 세금을 더 많이 걷거나 정부의 이전지출[8]을 늘리면 중남미 수준이 되는 것이 아니고, 지금 이미 중남미 수준이라는 것이다.

우리나라 국민은 보통 자신이 세금을 많이 내고 있다고 생각한다. 하지만 국제적 기준으로 볼 때 한국은 세금을 매우 적게 걷는 나라다. 다시 앞의 표를 보면 사람들이 보편적으로 선망하는 복지 국가들은 모두 국민부담률이 높다. 복지 국가의 비밀은 다른 곳에 있는 것이 아니다. 세금을 많이 걷어서 사회 복지에 많이 쓰는 나라가 복지 국가다. 누군가 기본소득에 대해 "결국 세금을 더 걷겠다는 것 아닌가?"라고 묻는다면, 당당히 "맞다"라고 대답할 수 있어야 한다. 이에 더해 "그것이 복지 국가의 길이다"라고 덧붙여야 한다. "프랑스에 갔더니 프랑스 국민도 아닌데 육아 휴직도 주고, 아동수당도 주고 이것저것 주더라" 같은 얘기를 들을 때 부러워하기만 해서는 달라질 게 없다. 복지 국가는 사회 복지를 위해 세금을 많이 걷자는 사회적 약속 위에 세워진다.

그렇다고 한국의 국민부담률을 위의 복지 국가들처럼 당장 40퍼센트가 넘는 수준으로 올릴 수는 없다. 그 정도의 사회적 합의가 아직 이루어지지도 않았고, 설령 실행한다고 하더라도 사회적, 경제적 충격이 클 수 있다. 그래서 사회적 합의 수준을 서서히 끌어올리는 것이 필요하다. 중단기적으로는 대한민국의 국민부담률을 OECD 평균 수준으로 끌어올리는 계획을 세워 볼 수 있다. 2019년 기준으로 가정하면 27.3퍼센트를 33.4퍼센트로, 6.1퍼센트포인트 끌어올리는 수준 말이다.

국민의 조세부담률을 GDP의 6.1퍼센트만큼 높여서 만든 재원을 기본소득으로 배당한다면 국민 1인당 얼마의 기본소득이 가능할 것인가? 재원은 연간 총 160조 원으로, 국민 1인당 연간 300만 원 즉 월 25만 원 지급이 가능하다. 다시 말

	국가 예산(본예산)	증가율
2017	401조	
2018	429조	7.0%
2019	470조	9.6%
2020	512조	8.9%
2021	558조	9.0%
2022	608조	8.9%

해 2021년 국민 88퍼센트에게 1회 지급된 상생 국민지원금이 국민 100퍼센트에게 1년에 12회, 그리고 매년 정기적으로 지급된다는 뜻이다. 6.1퍼센트에는 고개를 끄덕여도 160조 원이라는 숫자는 고개를 젓게 만든다. 숫자의 상대성 때문만은 아니다. 기획재정부의 2022년도 1년 국가 예산은 604조 원이고, 160조 원은 그 26.5퍼센트에 달하는 어마어마한 액수기 때문이다. 하지만 문재인 정부 5년 동안 이미 국가 예산이 그만큼 늘었다는 것을 알면 또 한 번 놀랄 것이다.

물론 문재인 정부의 2021년, 2022년의 예산 증가는 코로나19 관련 예산을 포함한다는 점을 감안해야겠지만, 사실 코로나 이전 시기와 비교해도 예산 증가율의 뚜렷한 변화는

국가별 조세와 공적이전지출 이전과 이후의 지니계수 변화(2018)

OECD 자료(2018)	이전	이후
프랑스	0.529	0.301
영국	0.513	0.366
일본	0.501	0.334
독일	0.494	0.289
폴란드	0.452	0.281
노르웨이	0.429	0.262
스웨덴	0.428	0.275
캐나다	0.427	0.303
한국	0.402	0.345

* data.oecd.org

발견되지 않는다. 문재인 정부 5년 동안 국가 예산은 2022년 기재부 예산안을 기준으로 볼 때 167조 원 증가했다. 만약에 문재인 대통령 임기 중의 예산 증가분을 모두 기본소득 재원으로 쓰고자 했다면, 2018년부터 매년 기본소득 액수가 조금씩 증가해서 2022년에는 월 25만 원의 기본소득이 가능했을 상황이라는 것이다. 이것은 4인 가구라면 월 100만 원이라는 의미 있는 액수다.

물론 예산 증가분을 모두 기본소득에 쓸 수는 없다. 중요한 국가적 투자에도 써야 하고, 사회서비스 확충에도 써야 할 것이다. 기본적으로 인플레이션에 따른 화폐 가치의 자연 증가분도 있을 것이다. 위의 가정은 160조 원이 그렇게나 상상할 수 없는 금액은 아니라는 의미로 살펴본 것이다. 게다가 2020년까지 3년간 국민부담률은 고작 2.62퍼센트포인트밖에 늘지 않았다. 만약 국민부담률을 의미 있게 높일 수 있다면 여러 가지 국가적 과업을 수행하면서 기본소득을 충분히 실시할 수 있다.

국민부담률을 6.1퍼센트포인트 올린다는 것은 모든 사람이 세금을 지금보다 6.1퍼센트포인트 더 내야 한다는 것이 아니다. 평균 6.1퍼센트포인트가 올라가는 것이다. 감세는 초부유층에게 더 많은 세금을 깎아주는 것이지만 반대로 증세는 초부유층에게 더 많은 세금을 내게 하는 것이다. 누진적으로 설계된 소득세를 더 걷어 기본소득의 재원으로 하면 고소득 구간의 부담이 상대적으로 더 높다. 마찬가지로 토지 보유세를 재원으로 삼는다면 많은 부동산을 가진 사람의 부담이 높고 전세나 월세를 사는 사람은 조세 부담이 없다.

만약 천편일률적으로 모든 국민의 조세부담률이 똑같이 6.1퍼센트포인트 올라간다고 하더라도 이렇게 조세를 거둬서 기본소득으로 지급하면 강력한 '소득 재분배' 효과가 발생한다. 1000만 원 소득자는 61만 원을 더 내는 것이지만 10억 소득자는 6100만 원을 더 내는 것이고, 기본소득으로 배당받는 것은 똑같은 액수이기 때문이다. 이렇게 비례세 방식으로 개인소득세의 세율을 t퍼센트 올려서 기본소득으로 지급한다고 해 보자. 이때 개선되는 지니계수Gini's coefficient는 정확히 t퍼센트가 된다. 이는 기본소득한국네트워크 이사인 이건민에 의해서 수학적으로 증명[9]된 바 있다.

지니계수는 소득 분배의 불평등 정도를 0과 1사이의 하나의 수치로 표현하는 것으로서, 쉽게 말해 0에 가까우면 소득이 평등한 것이고 1에 가까우면 소득이 불평등한 것이다. 다음 표에서 확인할 수 있듯이 정부가 세금을 거둬서 공적 이전지출을 하기 전, 다시 말해 '시장 소득 기준'의 지니계수는 다른 나라에 비해 우량하다. 하지만 정부가 세금을 거둬 공적 이전지출을 하고 난 이후에 측량된 '가처분 소득 기준'의 지

시장 소득 지니계수와 가처분 소득 지니계수의 격차(2018)

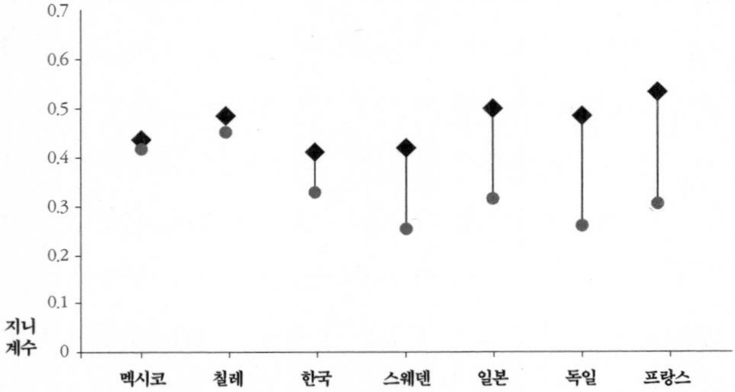

* stats.oecd.org

니계수는 겨우 영국보다 조금 나은 정도다. 프랑스 같은 경우는 지니계수가 무려 0.228이나 떨어지는 것에 반해 한국은 겨우 0.057 떨어질 뿐이다. 이것은 조세와 공적 이전지출이 가지는 소득 재분배 기능이 매우 약하다는 것을 의미한다.

이것을 시각적으로 보기 위해 다음의 도표로 표현하면 훨씬 뚜렷이 관찰된다. 각 국가별로 위에 있는 네모가 '시장 소득 지니계수', 아래의 동그라미가 '가처분 소득 지니계수'이다. 그 간격이 클수록 조세와 공적 이전지출이 소득 재분배 기능을 잘 발휘하여 '시장의 실패'를 교정하고 있는 것이다. 대부분 유럽 등 복지 선진국이 그러하다. 그에 반해 멕시코와

칠레는 두 점이 거의 붙어 있다. 사회 복지의 관점에서 우리나라는 지금 중남미 국가보다 약간 나은 수준이다.

3 기본소득은 기존 복지를 대체하는가

슈퍼돼지 옥자와 미자는 터널 밖으로 달려나가고 동물해방전선의 트럭은 뒤쫓아 간다. 미란도 회사의 직원은 트럭 기사에게 다급하게 소리친다. "자, 출발, 출발!" 애써 쫓아갈 생각이 없는 트럭 기사는 심드렁하게 내뱉는다. "아이 몰라 XX(욕설). 나랑 뭔 상관이야. 어차피 XX(욕설), 이 바닥 떠 버릴 건데. 제가요, 1종 면허는 있는데 4대 보험이 없거든요," 하면서 열쇠를 창밖으로 던져 버린다.

-영화 〈옥자〉의 한 장면

화물차 운전이 가능한 자동차 1종 운전면허는 있는데 4대 보험 가입이 안 되어 있었던 이 노동자의 법적 명칭은 '특수형태근로종사자'다. 회사와 통상적인 근로 계약을 맺지 않고 자영업자로서 계약을 맺는 노동자를 말한다. 줄여서 '특수고용직' 혹은 '특고'라 불리는 이 노동자들은 법적으로 노동자가 아니라 '사업자'였기 때문에 그동안 4대 보험의 사각지대에 있었다. 다행히 2021년 7월부터 택배 기사, 보험 설계사, 화물차주 등 12개 직종의 고용 보험 적용이 가능해졌고 2022년 1월에는 대리운전, 퀵서비스 등 두 개 업종이 추가된다. 산재 보험은 회사가 100퍼센트 부담하는 일반 노동자와 달리 아직 보험료의 50퍼센트를 내야 하지만, 역시 확대 적용되고 있다.

고용 보험, 산재 보험 문제는 어느 정도 해결되고 있지만 국민연금과 건강보험 문제는 여전하다. 국민연금공단 자료에 따르면 166만 명으로 추산되는 특고 종사자 중 2021년 상반기까지 37.5퍼센트인 62만여 명만이 국민연금에 가입했으며 그중 48.3퍼센트는 국민연금 납부를 못 한 것으로 나타났다. 국민연금 납부자가 특고 종사자 열 명 중 두 명도 안 됐다는 얘기다. 코로나 등으로 인한 소득 감소도 원인이겠지만 근본적인 문제는 따로 있다. 일반 노동자는 회사와 노동자가 4.5퍼센트씩 나눠 내지만 특고 종사자는 지역 가입자로서 9퍼센트의 국민연금 보험료를 혼자 다 내야 하는 것이 부담으로 작용했을 것이다.

기본소득 논의에 4대 보험 이야기를 꺼낸 이유가 있다. 앞에서 기본소득 대신 전 국민 고용 보험을 도입해야 한다고 주장한 어떤 정치인 얘기가 기억날지 모르겠다. 보수파들은 기본소득이 사회주의라며 거부하는 반면에, 진보적 복지 국가론자들은 기본소득이 기존의 복지 제도를 위태롭게 만들 것이라며 기본소득을 반대한다. 그들은 기본소득과 같은 새로운 제도를 도입하기보다는 4대 보험 같은 기존 복지 제도의 단점을 보완하고 대상을 확대하는 것이 옳다고 생각한다. 또한 기존의 복지 제도는 복지 수혜가 필요한 사람을 타기팅targeting하는 반면에 기본소득은 모두에게 무차별적으로 지급하므로 비효율적이며 정의롭지 않다고 생각한다.

진보적 복지 국가론자들은 4대 보험 등 기존의 복지 제도에 써야 할 재원을 기본소득에 쓰게 되면 결국 기존의 복지 제도가 약화되거나 붕괴할 것으로 본다. 그들이 보기에 기본소득은 복지의 강화가 아니라 복지의 부정이다. 복지 국가를 이루기 위해서 기본소득은 반드시 막아야 한다는 것이다. 복지 국가론자들의 이러한 주장은 선의에서 나온 것이긴 하지만 사실과 다르다. 게다가 기본소득이 모두에게 똑같은 액수를 지급하기 때문에 비효율적이고 불의하다는 주장은 오해다. 동일한 지급이 어떻게 정의로운가? 이 문제를 이해하기 위해서는 20세기 복지 국가에 대해서 먼저 알 필요가 있다. 무엇보다 복지 국가가 '역사적' 존재라는 점을 이해해야만 기본소득이 갖는 지위도 제대로 이해할 수 있다.

20세기 복지 국가의 구조

기본소득은 기존 복지와 어떤 관계일까? 많은 사람들이 유럽의 복지 국가를 부러워한다. 그런데 복지 국가라 하면 국가가 국민의 삶을 보장한다는 국가-시민의 관계 속에서 생각할 뿐, 그 내부 구조에 대해서는 잘 모른다. 지금의 복지 제도가 갖는 한계는 복지 국가가 역사적 산물이라는 점에 기인한다. 지금의 복지 제도가 왜, 어떤 맥락에서 생겼는지를 들여다볼 필요가 있다. 기본소득의 역할 그리고 복지 제도와의 관계성은 20세기 복지 국가의 구조를 톺아봄으로써 반추할 수 있다.

사회 보험과 공공부조

산업혁명 이후 19세기 자본주의의 발전은 자본가와 노동자의 갈등 및 대립을 심화시켰다. 노동자는 비참한 삶의 현실에 놓여 있었고 이들을 대변하는 정치 세력이 성장했다. 독일에서는 1875년 통합된 사회민주당이 출범하여 노동자 정치 운동이 만개하게 된다. 독일의 '철혈재상' 비스마르크는 1878년 '사회주의진압법'을 도입하여 노동 운동에 타격을 가하고자 했지만, 이 법에도 불구하고, 아니 이 법 덕분에 사회민주당은 오히려 지지자가 늘고 제국 의회의 의석수도 늘었다.

비스마르크는 노선을 전환했다. 노동 운동을 탄압하는 것보다 노동자의 삶과 처우를 개선하는 조처를 하는 것이 혁명을 막고 사회민주당을 온건한 방향으로 유도하는 데 훨씬 도움이 된다고 생각한 것이다. 그리하여 1883년 세계 최초의 사회 보험법인 '질병보험법'이 통과되었다. 뒤이어 1884년에는 '재해보험법', 1889년에는 '양로·폐질보험법'이 잇달아 통과되면서 사회 보험의 시대가 열렸다. 영국은 1911년 '국민보험법'이 통과되어 질병만이 아니라 실업에 대비한 보험이 처음 시작되었고, 1920년대에 대부분의 유럽 국가로, 1930년대에는 북미와 남미로 사회 보험이 확대됐다.

1883년 독일에서 질병보험을 처음 도입할 때 보험료의 삼 분의 일은 사업주가, 나머지는 노동자가 냈다. 한국의 4대 보험도 이 원형을 따랐다. 사업주와 노동자가 국민연금은 각각 급여의 4.5퍼센트씩, 건강보험은 각각 3.12퍼센트씩, 고용보험은 각각 0.65퍼센트씩 함께 부담하고 산재 보험은 사업주가 전부 부담하고 있다. 요컨대 사회 보험에 담긴 의미는 노동자의 질병, 노령, 재해, 실업 등에 대비할 기금을 마련하기 위해 자본가와 노동자가 협력한다는 것이다. 노동자는 혁명을 포기하고 사업주는 이윤의 일부를 양보하여 노동자의 복지에 사용하는 협치의 제도, 코포라티즘Corporatism이다. 국가는 노와 사를 조정하고 사회 보험을 설계·운용하는 역할을 진다. 소위 '노사정 합의' 모델인 것이다.

사회 보험은 노동자가 표준적 고용 관계를 맺고 있는 것을 전제한다. 게다가 정규직 남성 노동자의 노동 시장을 전제해 만들어졌다. 여성과 아동은 '부양가족'이 되어 정규직 남성 노동자의 임금에 의존해 살아가고 가구 단위의 생계가 꾸려진다. 남성 생계 부양자가 고용 상태인 생애주기에는 안정적인 임금이 보장되므로, 부양자의 소득 활동이 중단되는 '위험'에 대비한 사전 예방의 제도로 충분했다.

그러나 가구 구성원 중 경제 활동에 참여한 사람이 없

다면 사회 보험 가입이 불가능하고, 경제 활동을 하고 있더라도 소득이 낮거나 불안정하다면 안정적인 사회 보험 가입자가 되지 못하기 때문에 다른 구제책이 필요했다. 그것이 곧 한국의 '국민 기초 생활 보장'과 같은 공공부조 제도다. 사회 보험이 보험료 납부를 조건으로 하는 사전 예방의 보상적 급여라면, 공공부조는 조세를 재원으로 하는 사후 구제의 생존권적 급여에 해당한다. 17세기 영국의 '엘리자베스 구빈법救貧法'까지 거슬러 올라가는 공공부조는 "자산 조사에 기초하여 필요한 사람들에게 삶의 최저 수준을 보장하기 위해 제공되는 급여와 서비스의 총칭"으로 정의된다. 한국의 국민 기초 생활 보장법은 IMF 사태 이후의 심각한 빈곤 문제를 해결하기 위해 2000년부터 시행됐다. 박근혜 정부 들어 '맞춤형 급여'로 세분화되어 생계급여, 의료급여, 주거급여, 교육급여의 형태로 시행되고 있고, 각각 "소득인정액"이 기준치 미만이어야 "기초생활 수급자"가 될 수 있다. 여기에다 의료급여는 직계 혈족과 그 배우자 중에 부양 가능한 사람이 없어야 한다는 "부양의무자" 기준까지 있다.

즉, 일할 수 있는 연령의 사람(주로 남성)은 시장에서 노동을 하고, 그의 임금에 근거해서 가구주와 부양가족의 생계가 보장되며, 그 생계 부양자가 더 이상 노동할 수 없는 위험 상황에 대비해서 노사 합동으로 보험을 적립해 두고, 노동에 의한 생활도 보험 대비도 여의치 않은 소수의 사람들을 위해 공공부조를 제공하는 이런 구조를 통해서 서구 복지 국가는 작동했다. 문제가 없던 것은 아니지만 다른 체제에 비해 서구 복지 국가는 나름의 발전을 거듭했고 한동안은 무리 없이 잘 굴러가는 것처럼 보였다. 그러다 1970년대에 위기가 시작된다.

금융자본주의와 플랫폼 자본주의

1973년 산유국의 원유 생산 감축과 가격 인상으로 발발한 '오일 쇼크'는 복지 국가의 내적 모순을 드러냈다. 몇 배로 치솟은 원자재 가격은 고도성장의 시대에 종지부를 찍었고, 그 결과 고도성장을 전제로 그 과실을 함께 나눈다는 개념의 케인스주의Keynes principle 복지 국가 체제는 흔들렸다. 성장 둔화에도 불구하고 노동 운동의 조직적 힘 그리고 사회 복지 체제가 보장해 주고 있던 노동자의 권리는 지속되자, 전체 소득 중 임금의 몫이 커지고 자본이 이윤으로 가져가는 몫은 줄어들게 됐다. '이윤 압박profit squeeze'에 직면한 자본은 보수주의 정치 세력과 손을 잡고 저돌적인 신자유주의 체제를 출범하게 된다.

줄어든 이윤의 몫을 키우기 위해 신자유주의 체제가 제일 먼저 한 일은 노조의 분쇄였다. 마거릿 대처의 석탄 산업

합리화 정책에 맞선 영국 노동자들의 파업은 뮤지컬 〈빌리 엘리어트Billy Elliot〉의 배경으로 잘 표현돼 있다. 이 싸움에서 영국 노동자들은 패배했다. 1980년 영국의 노조 조직율은 51.7퍼센트였는데 2014년에는 25.1퍼센트까지 떨어졌다. '민영화'를 기치로 전기, 가스, 철도 등 기간산업을 포함한 많은 공기업들이 사유화됐는데, 심지어 교도소까지 민영화될 정도였다. 오로지 더 많은 이윤을 내는 것이 '선'으로 받아들여졌다. 이윤의 몫을 키우려는 자본의 공세는 금융 자본주의의 만개로 완성됐다.

금융 자본주의 체제 아래 금융에 대한 규제는 완화되고 선물, 옵션 등 새로운 금융 상품과 기법이 출현했으며 사모펀드, 헤지펀드 등 새로운 형태의 금융 자본도 등장했다. 산업 생산과 관계없는 금융 상품의 거래를 통해 이윤이 창출되고, 투기적 금융 자본이 국경을 자유자재로 넘나들며 막대한 이익을 거뒀다. 부의 양극화는 극에 달했다. 금융 자본주의 체제는 기존의 산업 생산의 구조도 바꿨다. 기업의 주요 자금줄인 주식 시장의 지위가 중요해지면서 기업은 주주 이익 실현의 극대화를 기업 활동의 핵심 목표로 삼았다. '더 많은 이윤'이라는 절대 명제 아래 생산 현장은 변모했다.

대표적인 것이 '프랜차이징franchising'이다. 기업은 자신의 비즈니스 모델을 판매하고 관리 업무에 주력하면 되므로 기업의 비용은 최소화되고 원래 기업이 책임져야 할 사업 확장을 전부 독립적인 자영업자가 맡게 된다. 또한 외주outsourcing, 파견, 하청 등의 방식으로 조직의 규모를 줄이고downsizing 인건비, 사회 보험료, 관리 비용, 복지 비용 등을 절약하며 산업 현장에서 발생하는 각종 위험 또한 외주화하는 전략이 성행했다. 과거의 산업 자본주의 체제에서는 기업이 책임져야 할 임금 노동자들이 전부 기업 외부에 존재하게 됨으로써 '표준적 고용 관계'에 기초한 노동 환경은 해체되기 시작했다.

정규직은 줄어들고 비정규직이 늘어나며, 동시에 영화 〈옥자〉의 트럭 기사처럼 노동자도 사업주도 아닌 비공식 노동자들이 등장하며 다수의 영세 자영업자가 양산되는 풍경은 이제 우리에게 너무나 익숙하다. 이들은 노동 가능 연령기에 노동 시장에 속해 있지만 표준적 근로 계약 관계에 있지 않은 이유로 기존의 사회 보험 대상에서 배제된다. 혹은 사회 보험 가입자가 되더라도 고용 상태가 불안정하므로 사회 보험을 들락날락하는 일이 허다하고, 꾸준히 사회 보험 영역에 있더라도 소득이 미미한 관계로 위험에 대한 예방이 충분치 못하다. 그렇다고 공공부조가 이들을 도와줄 수도 없다. 공공부조가 정한 빈곤선 이하에 있지 않은 이상 공공부조의 엄격한 자산 조사를 통과할 수 없다. 전통적 사회 보장 제도가 커버하지 못하는 '사각지대'가 크게 넓어진 것이다.

복지 제도의 위기를 가져온 또 다른 경제 구조의 변화는 1990년대부터 본격 진행된 '플랫폼 자본주의'의 등장이다. 온라인 플랫폼을 통해서 생산, 판매, 중개, 배송, 배달이 이루어지는 플랫폼 경제의 등장으로 '플랫폼 노동'이라는 새로운 형태의 비공식적 비표준적 노동 형태가 탄생했다. 플랫폼 노동은 빅데이터와 알고리즘, 고객의 평점 등에 의해서 산업 노동자보다 더 철저한 통제와 종속 아래 있음에도 불구하고, 일자리가 아니라 일감의 형태로 일이 이뤄진다. 고정적 사업장에서 진행되지 않고 계약 관계에서 고용주를 특정하기도 어려워 플랫폼 노동자는 법률상의 노동자로 인정받지 못한다. 지속적으로 플랫폼 노동자의 '노동자성'을 인정받기 위한 싸움이 이루어지고 있고 법원의 판결도 이어지고 있지만, 법과 판결이 포괄하지 못하는 새로운 형태의 플랫폼 노동이 시시각각 탄생하고 있다.

금융 자본주의와 플랫폼 자본주의로의 이행은 노동자의 노동 환경만을 바꾼 것이 아니다. 복지 국가의 한 축인 노동자를 둘러싼 조직적 환경도 크게 바뀌었다. 수천, 수만 명의 노동자가 거대 작업장에 모여 함께 일하던 시절은 영원히 사라졌다. 제조업 남성 노동자의 집단적 단결을 바탕으로 했던 노동조합의 힘도 당연히 약화했다. 노사의 균형과 합의에 기초해 성립된 복지 국가의 역관계는 급속도로 자본 측으로 기울었다.

외부의 위협

2차 세계 대전 이후 서유럽에 사회 민주주의 복지 국가가 발전한 데에는 외부 환경도 크게 작용했다. 그것은 소련을 맹주로 한 '현실 사회주의'의 위협이었다. 1946년 동유럽에 소련 체제가 이식되고 1949년 중국에서는 중국공산당 마오쩌둥이 이끄는 '신민주주의' 혁명이 성공했다. 1957년 소련이 세계 최초의 인공위성 스푸트니크 1호를 쏘아 올리고 1959년 미국 턱밑에서 쿠바 혁명이 성공하자 자본주의 세계 체제에 위기감이 고조됐다. 소련공산당 서기장 니키타 흐루쇼프는 "당신들을 묻어 버리겠다. 당신들의 노동자 계급이 당신들을 묻어 버릴 것이다"라고 호언했다.

애초에 비스마르크가 노동자 혁명을 막기 위해서 사회보험을 시작했듯이, 전후 복지 국가를 위한 부유층의 양보 뒤에는 공산주의의 위협으로부터 체제를 지키기 위한 동기가 작동하고 있었음을 부인할 수 없다. 모든 것을 잃는 것보다 조금 덜 가져가는 것이 현명하다는 깨달음이야말로 서유럽 복지 국가의 숨은 비밀이다. 그러나 1989년 베를린 장벽의 붕괴와 1991년 소련의 붕괴는 그런 외부 위협을 일거에 소멸시켰다. 미국의 정치학자 프랜시스 후쿠야마Francis Fukuyama는 "역사는 끝났다"라는 유명한 말로 공산주의 체제에 대한 역사적 승리를 기념했다. 이제 자본 측은 고용 구조라는 제도적 측면에서도, 노동조합과의 역관계 상으로도, 외부로부터의 체제 위협에 있어서도 노동 측에 양보할 이유가 전혀 없었다. 신자유주의의 진격은 야수처럼 거칠 것이 없게 된 것이다.

기본소득이 있는 새로운 복지 국가의 구상

이제까지 1970년대 이후의 자본주의 전개 과정에서 어떻게 복지 국가가 후퇴하게 되었는지 살펴봤다. 이 과정은 여성의 노동 시장 진출과 함께 진행되었는데, 여성 노동자가 증가한 원인에는 이 변화의 맥락을 읽을 수 있는 다양한 의미가 있다. 첫째, 여성의 사회적 지위가 과거보다 높아졌다. 둘째로 남성 생계 부양자의 임금 하락으로 부양가족 모두의 생계를 보장할 수 없게 됐다. 셋째, 전통적 제조업 중심에서 서비스업, 플랫폼 노동으로 이행함에 따라 여성 노동자의 유입이 용이해졌다. 마지막으로 여성 노동자의 임금이 남성 노동자의 임금보다 낮아 주주 자본주의의 이윤 추구라는 이해관계에 부합했다. 이 과정이 보여 주는 결과는 참담하다. 이젠 온 가족이 나가서 일을 해도 먹고 살기 빠듯한 세상이 된 것이다.

한마디로 산업 자본주의 시대를 배경으로 형성된 복지 국가의 핵심 프로그램인 사회 보험과 공공부조는 변모한 자본주의 시대와 노동 환경에 맞지 않는 '부정 교합'의 제도가 된 셈이다. 무의미해졌다고 말할 수는 없지만 딱 이가 맞물린다고 말할 순 없다. 사회 보험이 적용되지 않는 '사각지대'를 해결하기 위해서 정책 수혜자 그룹에 몇몇 특고 종사자, 플랫폼 노동자를 추가하는 것은 땜질 처방에 불과하다. 보다 근본적 대책으로서 '근로 계약 중심의 사회 보험' 제도를 '소득 중심의 사회 보험' 제도로 전환할 필요가 있는 것이다. 특정 사업주에 대한 종속성이 분명치 않더라도 경제 활동의 결과로 소득이 발생한 모든 사람을 사회 보험의 대상자로 삼아야 한다. 사회 보험의 재원은 여전히 보험료겠지만 보험료의 부과 방식 역시 달라져야 한다. 현재 사업주가 내는 보험료 액수는 그 사업주가 고용한 노동자의 보험료를 따른다. 그래서 자동화가 덜 진행된 제조업체의 사업주는 자동화 공정이 많은 사업주보다 이익이 적은데도 불구하고 고용한 노동자가 상대적으로 많아 보험료 부담이 더 크다. 소득 중심 사회 보험으로 전환되면 사업주가 내는 보험료는 그 사업주의 이익에 비례하게 된다.

이런 식으로 사회 보험을 전환하면 '사각지대'도 사라지고 불공정한 보험료 부과도 없어질 것이다. 하지만 그렇다고 모든 문제가 해결되진 않는다. 이미 노동자의 소득 자체에 큰 격차가 생겼기 때문에 보험료 부과액의 격차도 커진다. 이는 결국 연금 등 사회 보험 급여의 큰 격차로 귀결된다. 일감이 불안정한 사람들은 보험료 납부도 불안정해질 수밖에 없고 누적된 보험료 적립액은 더 작아진다. 결국 완전 고용 시대의 안정된 직장에서, 상대적으로 급여 수준이 비슷한 남성 노동자 중심으로 설계된 사회 보험 제도로는 그 근본적 한계를 극복할 수 없다.

무엇보다 사회 보험은 일하는 동안에는 문제가 없는 것을 전제하고, 앞으로 노령, 질병, 재해 등의 위험이 발생할 것을 대비한다는 개념이다. 하지만 소득이 낮고 불안정하다는 것은 지금 이미 위험이 상존한다는 것이다. 현실에선 사회 보험에 넣어 준다고 해도 빠지고 싶은 사람이 많다. 쥐꼬리만 한 월급으로 사는데 보험료까지 다 내고 나면 어떻게 생활하란 말인가? 그렇다고 사회 보험을 없애자는 것이 아니다. 핵심은 사회 보험만으로는, 아니 사회 보험 개혁만으로도 충분하지 않고 기본소득이 그와 함께 필요하다는 것이다. 사회 보장 제도의 1층에 기본소득이라는 완충 장치를 놓고 2층에 사회 보험이라는 안전장치를 설치해야 한다.

공공부조는 점차 사라져야 할 복지 제도다. 전술했듯이 자신의 빈곤과 장애, 비참함과 무능력을 끊임없이 입증해야 하는 제도는 인권에 반한다. 스스로 '루저'라고 끊임없이 외치게 만드는 낙인의 제도는 바람직한 사회 심리적 결과를 발생시킬 수 없다. 공공부조는 '빈곤의 덫'도 만들어 낸다. 현행의 기초생활 수급자는 근로 소득이 발생하게 되면 그 근로 소득의 70퍼센트만큼을 생계급여에서 감한다. 50만 원의 생계급여를 받다가 50만 원의 근로 소득이 생기면 총소득이 100만 원이 되는 것이 아니라 65만 원이 된다. 열심히 일해서 한 푼 두 푼 저축을 하게 되면 자산이 늘었다고 '소득환산액'이 늘어난다. 노점이라도 하려고 트럭을 사면 자동차 가액도 소득 환산에 들어간다. 공공부조는 수급자에서 벗어나려고 하면 오히려 처벌하는 제도다. 그 결과 영원히 수급자의 '덫'을 벗어날 수 없다.

만약에 그 50만 원이 생계급여가 아니고 기본소득이었다고 가정해 보자. 50만 원의 근로 소득이 생겼다면 총소득은 100만 원이 되었을 것이다. 기본소득은 '무조건성'의 제도이기 때문이다. 돈이 많건 적건 소득이 있건 없건 기본소득은 변함이 없다. 물론 더 일하지 않아도 된다. 중요한 것은 자신의 삶을 선택할 수 있는 자유의 폭이 넓어진다는 것이다. 한마디로 '자산 조사에 근거한 공공부조'는 '권리에 근거한 기본소득'으로 전환되어야 한다. 그렇다고 생계급여 등 국민기초 생활 보장 제도를 하루아침에 폐지해야 한다는 말이 아니다. 각 제도의 성격에 맞게 현금성 급여와 서비스 급여를 구분하고 현금성 급여를 기본소득으로 대체해야 한다는 의미다. 대체 시기는 기본소득 액수가 기존 현금 수급액을 초과하는 시점이 되어야 할 것이다. 수급자의 수급액이 줄어들지 않게 하는 것이 핵심이기 때문이다.

서구 복지 국가에는 아동수당, 양육수당, 노인수당, 장애수당 등의 각종 '사회 수당' 제도가 발전해 있다. 우리나라에도 박근혜 정부 때 시작된 기초연금인 노령수당과 문재인 정부 때 시작된 아동수당, 그리고 장애인연금과 장애수당 등이 존재한다. 사회 보험과 공공부조가 있는데도 새로운 복지 제도인 사회 수당이 발전했다는 것 자체가 사회 보험과 공공부조만으로는 해결되지 않는 복지 사각지대의 존재를 증명하는 것이다. 사회 수당이 특정 인구 집단만을 대상으로 하는 것에 비해 기본소득은 전 인구 집단을 대상으로 한다. 그렇다고 기본소득은 사회 수당이 대상으로 하는 인구 집단을 다 포함하므로 기본소득이 도입되면 사회 수당은 전면 폐지된다고 생각해서는 안 된다. 특정 사회 수당의 존재 이유와 성격을 면밀히 검토하고 기본소득 액수와의 비교 등을 거쳐 정교한 시스템을 구성해야 할 것이다. 예컨대 월 10만 원의 아동수당은 월 30만 원의 기본소득이 도입될 때 즉시 폐지하면 되지만, 장애인연금과 장애수당은 존재 이유와 필요성이 더욱 선명하므로 개혁된 형태로 존재해야 할 것이다.

마지막으로 사회서비스가 있다. 보편적인 공공 사회서비스의 폭넓은 제공이야말로 유럽 복지 국가의 가장 큰 성과다. 국민에게 기본소득만을 주고 필요한 서비스는 시장에서 알아서 구매하라고 한다면, 그것이야말로 '신자유주의적으로 왜곡된 기본소득'일 것이다. 그것은 기본소득이라기보다는 날것의 시장에 벌거벗은 채로 던져지는 소비자를 위한 푼돈에 가깝다. 기본소득으로 시장에서 돌봄, 주거, 의료, 교육 서비스를 구매해야 한다고 생각했다면 그건 오독이다.

기본소득은 공공 서비스와 제로섬 관계가 아니다. 함께 균형적으로 발전해야 한다. 소득 보장과 서비스 보장은 상호보완적으로 공존해야 한다. 사회서비스가 먼저고 기본소득은 나중에 해야 한다거나, 기본소득을 하면 기존 사회서비스가 위축될 것이라는 우려는 옳지 않다. 복지 국가의 역사를 살펴보면 현금성 복지와 서비스 복지 중 하나가 발전하면 다른 하나가 따라서 발전해 왔다. 우리나라의 돌봄, 주거, 의료, 교육 등의 서비스는 지나치게 시장에 의존하고 있다. 예컨대 우리나라 공공 임대 주택의 비율은 8퍼센트가량인데 유럽의 사회주택 비율 평균은 20퍼센트에 달한다. 고등학교의 사립 비중도 40퍼센트로 OECD 회원국 중 가장 높다. 대부분의 대학이 국공립인 유럽과 정반대로 우리나라 대학생의 75퍼센트는 비싼 등록금을 내며 사립대를 다닌다.

사회서비스의 공급 주체로서 국가와 지자체의 책임을 강화하여 공공 서비스를 위한 지출을 늘리고 공공 서비스의 질을 높여야 한다. 특히 사회서비스는 지역적 격차가 매우 크다. 예컨대 의료의 경우 국민건강보험은 발전해 있지만 정작 의료 기관, 특히 제 3차 의료 기관은 수도권에 편중되어 있다. 이런 사회서비스의 지역적 격차는 수도권 인구 집중을 강화하는 요인이 된다. 따라서 '탈상품화'된 공공 서비스의 발전은 지역 균형 발전이라는 국가적 사명을 위해서도 절대적인 의의를 가지고 있다.

'기본소득인가 복지 국가인가'라는 질문은 잘못된 접근이다. 이젠 '기본소득이 없는 복지 국가인가, 기본소득이 있는 복지 국가'인가를 논해야 할 때다.

동등한 지급이 어떻게 정의로운가

하나의 사고 실험을 해보자. 1인당 연간 평균소득이 5000만 원이지만 소득 불평등이 심한 어떤 나라가 있고 당신은 그 나라의 보건복지부 장관이다. 딱 하나의 소득 보장 정책을 선택해야 한다면 어떤 것을 선택하겠는가?

> ① 모두에게 20퍼센트의 소득세를 부과하여 재원을 마련하고, 모두에게 1000만 원씩 나누어 주는 안.
>
> ② 평균소득(5000만 원)을 넘는 액수에 대해서만 20퍼센트의 소득세를 부과하여 재원을 마련하고 평균소득 미만인 사람에게만 지급하는데, 소득이 0이면 1000만 원, 소득이 1원씩 늘

때마다 지급액을 20퍼센트씩 줄여서 지급하는 안.

1안은 쉽게 알 수 있듯이 보편적 기본소득 안이다. 2안은 재원에 대한 기여를 소득 수준에 따라 차등화하고 지급액도 소득 수준에 따라 차등화하는 선별 지급 안이다. 물론 기본소득 지지 여부에 따라 이미 선택을 내렸을 수 있지만 위 상황만을 독립적으로 다시 생각해보자. 어느 것이 더 정의로운가? 어느 것이 소득 불평등이 심한 나라의 소득 재분배와 불평등 개선에 더 도움이 되는가? 어느 것이 저소득층에게 더 유리한가?

그렇다면 2안이 옳다고 생각하기 쉽다. 사회보장에 대한 상식에 준하고 인도주의적으로 느껴질 뿐만 아니라 재원의 규모가 작아 더 효율적으로 보이기 때문이다. 놀랍게도 두 개는 똑같은 안이다. 소득 불평등이 심하고 평균소득이 5000만 원인 어떤 나라에 일곱 명이 산다고 단순화하여 표를 만들어 비교하면 쉽게 알 수 있다. 물론 한국의 실제 소득 불평등 수준은 이보다 훨씬 크지만 말이다.

먼저 1안이다. 소득의 차이가 있으므로 20퍼센트의 '단일 세율'을 적용하더라도 각자가 내는 '세액'에는 차이가 생긴다. 평균 5000만 원을 기준으로 그 아래는 소득세로 내는 것보다 기본소득으로 받는 것이 크고 그 위는 소득세로 내는

소득보장 정책 1안

소득	0	1000만	2000만	5000만	8000만	9000만	1억
소득세	0	200만	400만	1000만	1600만	1800만	2000만
지급액				1000만			
결과	1000만	800만	600만	0	-600만	-800만	-1000만

것이 기본소득으로 받는 것보다 크다. 5000만 원 초과 소득자는 순기여자net contributor, 5000만 원 미만 소득자는 순수혜자 net beneficiary가 된다.

2안의 경우 5000만 원을 넘는 액수에 대해서만 20퍼센트 소득세를 부과한다. 예를 들어 8000만 원의 소득을 번 사람은 5000만 원을 초과한 액수인 3000만 원에 대해서 그 20퍼센트인 600만 원의 소득세를 내게 된다. 양(+)의 소득세를 내는 사람은 표와 같이 그만큼 가처분 소득이 줄어든다. 5000만 원 미만의 소득자는 소득세를 내지 않고 받게 되는데, 이것을 소득세 개념으로 하면 '음(-)의 소득세를 낸다'라고 표현할 수 있다. 그래서 2안과 같은 소득 보장책을 '음의 소득세

소득보장 정책 2안

소득	0	1000만	2000만	5000만	8000만	9000만	1억
소득세	0				600만	800만	1000만
지급액	1000만	800만	600만	0			
결과	1000만	800만	600만	0	-600만	-800만	-1000만

negative income tax · NIT'라고 부른다.

음의 소득세 구상은 경제학자 밀턴 프리드먼Milton Friedman이 주장한 모델이 가장 대표적이다. 음의 소득세는 보통 가구별로 지급하고 세율도 다르게 설정하는 등 세부 설계는 다양할 수 있지만 기본 구도는 위와 같다. 특정 소득을 기준점으로 그 위는 내는 사람, 그 아래는 받는 사람으로 구성되며 그 액수를 차등화한다는 것이다. 기본소득인 1안과 음의 소득세인 2안을 문장화했을 때는 분명히 다른 것처럼 보이는데, 내고 받은 것을 결산한 순net 금액은 표에서 보는 것처럼 동일하다. 수학에 익숙한 사람이라면 두 개가 똑같은 결과값을 보이리란 사실을 처음부터 눈치챘을 것이다.

이 사고 실험은 직접 구상한 것이 아니라, 전 세계 4000만 권 이상이 팔린 《경제학원론Principles of Economics》의 저자로 유명한 그레고리 맨큐Greg Mankiw가 2016년에 자신의 블로그에 쓴 〈A Quick Note on a Universal Basic Income〉이라는 글이다. 맨큐는 1안을 말하면 사람들은 왜 빌 게이츠에게도 돈을 주냐며 미친 생각이라 치부하는 반면, 2안은 정말 필요한 사람만을 선별targeting하는 더 진보적인 안으로 보인다고 지적했다. 사실 두 안의 차이는 오직 포장framing의 차이일 뿐이라는 것이다. '아 해 다르고 어 해 다른' 착시 현상이다.

우리나라에는 2안의 어법과 프레임을 가지고 1안을 비난하는 사람들이 많다. 요컨대 '2안이 더 정의롭다'는 것이다. 왜 삼성전자 이재용 부회장에게도 주는지, 이 부회장에게 줄 돈이 있으면 가난한 사람에게 돌아가야 하는 것 아닌지와 같은 불만이다. 흥미롭게도 이렇게 주장하는 언론과 지식인 중 가난한 사람들을 정말로 위하는 사람들은 적다. 대개 2안을 진정으로 할 의사도 없으면서 1안을 막기 위해서 2안의 논리를 펼친다. 그리고 이미 살펴보았듯이 이런 논법은 혹세무민惑世誣民이다. 의도에 따라선 선동이라 부를 수도 있다. 2안을 찬성하면서 1안을 반대한다는 것은 근본적으로 불가능하다. 금전적으로 두 안이 같기 때문이다.

"금전적으로" 두 안이 같다면 굳이 1안을 해야 할 이유는 무엇일까? 말에 답이 있다. 금전적으로 같은 설계라 하더라도 어떻게 생각하는가, 어떻게 설명하는가, 어떻게 실행하는가에 따라 그 둘은 전혀 다른 것으로 작동할 수 있다.

1안에서 사람들이 1000만 원을 받는 이유는 모두가 다 받기 때문이다. 거창하게 표현하면 모두가 누려야 할 '권리'로서 받는 것이다. 그렇다면 2안에서 5000만 원 이하 소득자는 왜 돈을 받는가? 평균 이하의 저소득자이기 때문이다. 2안의 어법은 평균 '이상'의 삶을 사는 사람들이 평균 '이하'의 삶을 사는 사람들에게 베푸는 일종의 '시혜'다. 따라서 2안에서 수급자는 사회의 '루저'라는 낙인을 얻게 된다.

이것은 2011년 서울시 무상 급식 논란과 동일한 사회적, 심리적 함의를 품고 있다. 1안에서는 수급자가 당당히 서서 받을 수 있지만, 2안에서는 무릎을 꿇고 받아야 한다. 공공부조에서 살펴봤듯이 이러한 철학적, 심리적 차이는 사회 복지 정책의 결과에 큰 차이를 가져온다. 2안의 지지자들은 2안이 어려운 사람을 더 두텁게 지원하는 인도주의적 정책인 것처럼 포장하지만, 실은 공공부조의 수급자가 겪는 것과 같은 굴욕감과 수치심을 유발하는 비인간적 방법을 주장하고 있는 셈이다.

수급자의 사회적 처지가 다르다는 이 중대한 사실은 재원 마련의 논리적 차이와 동전의 양면을 이룬다. 1안에서는 모두에게 과세한다. 즉 이 제도의 집행과 성공을 위해서 자신의 능력에 맞게 모두 함께 기여한다는 연대의 정신이 작동하고 있다. 모두가 기여하고 모두가 받는 것이다. 이와 달리 2안은 '있는 자'들이 '없는 자'들을 돕는 구도다. 2안은 사회를 두 개 계급, 즉 혜택을 주는 자와 혜택을 받는 자로 나눈다. 이는 어떤 결과를 가져올까?

앞서 우리는 1안과 2안이 금전적으로 똑같다고 가정했지만, 이것은 이론적으로 가능한 것일 뿐 현실에서 2안은 재원 마련을 위한 증세가 어렵고 이에 따라 복지 규모가 축소된다. 한쪽은 일방적으로 퍼주기만 한다고 생각하게 되기 때문이다. 이러한 심리적 토대 위에서는, 퍼주는 사람이 조세를 회피할 명분이 더 크다. 모두가 보편적으로 그 제도에 기여하고 모두가 보편적으로 그 제도의 권리를 누린다는 기본소득의 논리여야 재원의 규모를 키우고 복지 수혜를 확대할 수 있다.

지급 방식의 차이 역시 중요하다. 기본소득은 선지급이다. 모두에게 아무 조건 없이 동일한 액수를 지급하기 때문에 소득과 자산 조사 없이 일단 먼저 지급할 수 있다. 지급이 먼저 이루어지고 뒤에 소득세를 과세할 때 거둬들이면 된다. 이때 앞의 표처럼 동일한 세율을 적용할 수도 있고 누진 세율을 채택할 수도 있다. 음의 소득세는 시장 소득이 확정된 연후에야 지급액을 산정할 수 있기 때문에, 비례 세율이건 누진 세율이건 소득세 과세와 동시 혹은 이후에 지급이 이루어진다. 미국의 '근로장려세제Earned Income Tax Credit · EITC'는 이전 해의 노동 소득에 기초해 지급액을 산정하는데, 소득 조사를 위한 그 몇 개월의 기간에 식료품과 주거비 등 생존의 압박이 크게 는다는 연구 보고서가 다수 존재한다. 음의 소득세를 시행하면 그 고통의 기간이 1년이 될 수도 있다.

기본소득이 음의 소득세보다 예산이 훨씬 많이 필요하다는 주장이 있다. 이들은 음의 소득세가 규모 대비 효율이 더 높다는 주장을 펴지만 완전히 그릇된 주장이다. 이런 생각을 '재정 환상'이라고 하는데, 앞서 활용한 두 안을 통해 이 환상을 깨 보자. 음의 소득세가 더 효율적이라는 주장은 다음과 같은 맥락이다. 1안에서는 1000만 원을 일곱 명에게 지급해야 하니까 7000만 원의 예산이 필요한데, 2안에서는 1000만 원, 800만 원, 600만 원을 지급해야 하니까 2400만 원의 예산이면 된다는 것이다. 거의 삼 분의 일의 예산으로 동일한 효과를 얻을 수 있으니 음의 소득세가 더 좋다는 결론에 도달한다. 이 주장은 어느 지점에서 잘못되었을까?

정답은 기본소득의 7000만 원은 '총액' 개념이고 음의 소득세의 2400만 원은 '순액' 개념이라는 점이다. 다른 개념의 수치를 가지고 전자가 후자보다 많다고 주장하는 것이다. 1안의 기본소득을 '총액' 개념으로 말하면 일곱 명에게서 총

7000만 원의 소득세를 거둬 각자에게 1000만 원씩 나눠주는 제도다. 하지만 '순액' 개념으로 말하면 표의 오른쪽 세 명에게서 2400만 원을 거둬 왼쪽의 세 명에게 이전하는 제도가 된다. 즉, 지급액이 같을 경우 순액 개념으로 따졌을 때 기본소득과 음의 소득세는 똑같은 액수의 예산이 소요되는 제도다.

앞서 대한민국 모든 국민에게 월 25만 원의 기본소득을 지급하려면 160조가 필요하고 그것은 한국의 국민부담률을 OECD 평균 수준까지만 끌어올리면 가능하다고 논한 바 있다. 이 160조가 부담스럽게 느껴졌던 이유는 이것이 '총액'이었기 때문이다. 이는 25만 원에 12개월을 곱하고 거기에 5000만 명을 곱한 것이다. 결국 연간 160조가 소요되는 기본소득 안을 위해 필요한 '순액'은, 설계에 따라 정확한 액수는 달라지겠지만 160조의 절반도 되지 않는다. 기본소득에 천문학적 예산이 필요하다는 주장은 '환상'이다.

평등과 공정, 소득 재분배

다음은 공정 담론에 있어 매우 유명한 그림이다. 2020년과 2021년에 여러 정치인들이 기본소득을 비판할 때 거듭 등장하기도 했다. 미국에서 2012년에 처음 만들어진 이 그림은 이후 수많은 변형 그림으로 이어져 왔는데, 이 그림은 2016

평등과 공평 ©Interaction Institute for Social Change Artist: Angus Maguire

넌 버전이다. 왼쪽에는 평등equality, 오른쪽에는 공평 혹은 공정equity이라고 쓰여있다. 요컨대 기본소득은 왼쪽의 것으로서 '기계적 평등'을 추구하기에 공정하지 않다는 것이다. 왼쪽에서 키가 가장 작은 경제적 약자는 여전히 야구를 볼 수 없는 반면, 오른쪽은 약자에게 더 높은 밑받침을 세워주기에 함께 야구를 볼 수 있다. 오른쪽 제도를 주장하는 사람은 주로 기본소득 비판자이며, 그들은 '전 국민 고용 보험(박원순)'이나 '안심소득(오세훈)', 선별에 기초한 각종 복지 제도를 정책으로 내세운다.

다만 여기엔 기본소득에 대한 중대한 오해가 있다. 그

림만으로도 너무나 불공정하게 느껴지는 왼쪽의 그림을 잘 보면 밑받침의 크기가 모두 같다. 다종다양한 기본소득 비판자들은 기본소득의 지급액이 같으니 밑받침의 크기도 같다고 생각하는 것이다. 기본소득 제도에서 내는 것과 받는 것을 통일적으로 사고하지 않고 오직 받는 액수의 동일성만을 생각할 때 이런 오류에 빠진다. 기본소득은 사실 이 그림의 왼쪽에도 오른쪽에도 해당하지 않지만, 굳이 어느 것이 더 비슷하냐고 묻는다면 기본소득은 오른쪽에 가깝다. 경제적 약자에게 더 많은 혜택이 돌아가도록 하는 것이기 때문이다. 물론 기본소득을 지급한다고 경제적 강자와 키가 같아진다고 볼 수 없으므로 엄밀히 말하면 오른쪽 그림도 정확하지는 않다.

다음의 과정형 그림은 기본소득 이전과 이후의 변화를 더 정확히 보여 준다. 심각한 소득 불평등이 존재하는 ①에서, 능력에 따라 차등적으로 내게 하고(②) 그것을 재원으로(③) 균등 지급하게 되면(④), 소득 불평등이 완화된다(⑤). 동등한 지급은 절대 '기계적 평등'이 아니라 강력한 소득 재분배 정책이라는 것을 이해하기에 좋은 그림이다. 물론 현실의 불평등은 이보다 훨씬 커서 그림 안에 그려 넣을 수가 없다.

다만 이는 다음과 같은 의문에 직면한다. '그래 기본소득도 소득 재분배 기능이 있다는 것은 인정해. 그래도 어려운 사람에게 더 후하게 지급하면 더 강력한 소득 재분배가 되지

①

②

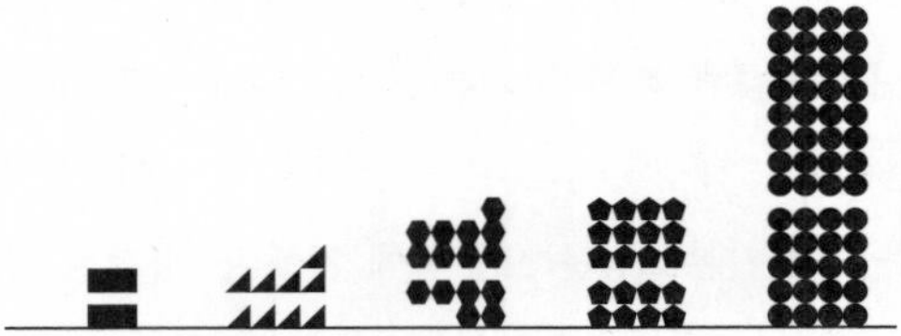

③

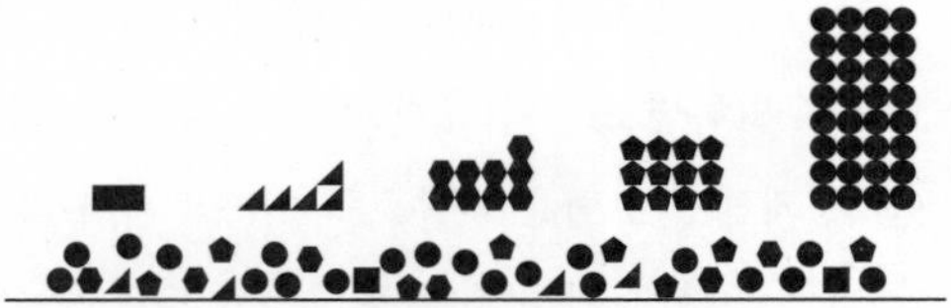

④

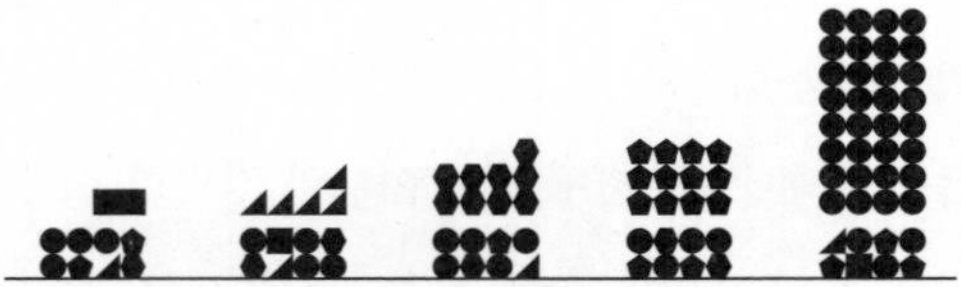

⑤

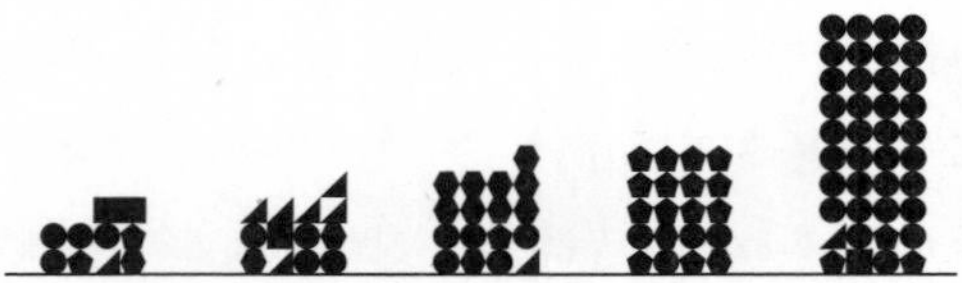

않겠어? 똑같이 100이라는 재원이 있을 때 100명에게 1씩 나누어주면 어려운 사람에게 1이 돌아가지만, 어려운 사람만 20명을 선별해서 지급하면 사람별로 5씩 돌아갈 수 있잖아. 이게 더 정의로운 것이지.' 여기서는 사회 복지 제도가 주는 선별과 굴욕의 문제를 논외로 하고 소득 재분배의 효과와 실효성에 대해서만 생각해보자. 이 주장이 간과하는 것은 무엇인가? 선별은 항상 기준의 부정확성이 문제가 되지만, 이 경우는 20명의 선별이 정확히 취약층만을 선별했다고 가정하고 논의해보자.

우선 전제 자체에 문제가 있다. "똑같이 100이라는 재원이 있을 때"라는 전제가 성립하기 어렵다. 왜 그런가? 사회 구성원 100명 전체에게 1씩 분배하는 기본소득은 설계에 따라 수치의 차이는 있겠지만 80~90명 사이의 사람들이 '순수혜자'가 된다. 내는 것보다 받는 것이 많으므로, 이들이 '내는 것'에 대한 저항감을 갖지 않게 된다. 그에 반해 100명 중 하위 20명만 수혜자가 되는 제도는 사회 구성원 절대다수의 반대에 직면할 가능성이 높다. 특히 20명 바로 위에 있는 51~80위 사이의 소득자는 반발이 유독 클 것이다.

기획재정부가 처음에 1차 긴급재난지원금을 하위 70퍼센트에게만 주려고 했을 때 거기서 제외되는 30퍼센트 다수가 "세금 걷어갈 때는 우리한테 꼬박꼬박 더 걷어가다가 혜택 대상에서 우리를 제외해?"라고 하면서 반발했던 것을 기억할 것이다. 최소한 80명의 순수혜자가 생기는 앞의 제도였다면 기꺼이 '기여금'을 냈을 21~80위의 사람들이 증세에 저항하게 된다. 그 결과 후자의 제도는 100이란 돈을 모으지 못하게 된다. 가령 후자의 제도에 대해서 다수가 반발하여 18이란 재원밖에 못 모았다고 가정해 보자. 그렇게 되면 20명만을 정확히 선별하여 지급한다 하더라도 각각에게 지급될 자기 몫은 0.9가 되어 아까의 경우보다 취약층에게 전달되는 금액이 줄어들게 된다.

이건 스스로 만든 무리한 가정이 아니라 스웨덴의 학자 월터 코르피Walter Korpi와 요아킴 팔메Joakim Palme가 쓴 〈재분배의 역설[10]〉에서 경험적으로 입증된 사실이다. 요컨대 저소득층만을 선별하여 복지 수혜에 집중하는 나라일수록 중산층은 말할 것도 없고 애초에 혜택을 주려고 했던 저소득층의 재분배액도 오히려 줄어든다는 것이다. 저소득층을 타깃으로 한 정책이 저소득층에 더 불리하니 이를 역설paradox이라 할 만하다. 이론적으로 살펴보면 다음과 같다.

저소득층 재분배액 = 저소득층 집중도 × 복지 규모

이 식에 따르면 저소득층 재분배액을 높이기 위해서는

복지 규모도 키우고 저소득층 집중도도 높여야 한다. 여기서 '저소득층 집중도'는 혜택이 얼마나 집중되는지에 대한 수치다. 이를 높일수록 복지 제도의 수혜자 비율이 줄어드는데, 문제는 그럴수록 중산층의 반발이 커져서 '복지 규모'는 오히려 작아진다.

복지 규모의 감소는 결국 '저소득층 재분배액'의 절대치 감소로 이어진다. 따라서 복지 규모를 고정해 놓고(위의 예에서 '100') 어려운 사람만 선별해서 지급하는 것이 보편적 복지보다 어려운 사람에게 좋다는 논리는 성립하지 않는다. 선별로 인한 복지 규모의 변동 가능성 때문이다. 코르피와 팔메의 주장은 보편적 복지 일반의 긍정성을 설명하는 것으로 기본소득을 특정해서 말한 것은 아니다. 하지만 특정 계층을 겨냥하는 복지 제도가 그 계층에게 무조건 좋다는 관념에 대한 훌륭한 반박이 된다.

결국 고부담-고복지 사회로 나아가는 길은 다수 부담자와 소수 수혜자로 나뉘는 설계로는 불가능하며 다수의 사회 구성원이 수혜자가 되는 '다수의 연대'가 필수적이다. 그런 의미에서 윤형중 한겨레경제사회연구원 정책 위원은 "기본소득은 중산층과 취약 계층을 같은 배에 태우는 아이디어"라고 설명한 바 있다. 중산층과 어려운 사람을 같은 이해관계를 가진 운명 공동체로 만들어야 증세와 소득 재분배에 대한 극소수 부유층의 저항을 이겨낼 수 있다는 의미에서 한 말일 것이다. 중산층을 순부담자로, 취약 계층을 순수혜자로 만들어 중산층과 취약 계층을 반목시키는 정책은 중산층을 초부유층의 동맹자로 만든다. 복지 국가로 가는 길에서 좌초하는 행위다.

어려운 사람에게 더 혜택을 주기 위해 기본소득을 반대한다는 논리가 2011년에 있던 서울시 무상 급식 논쟁을 떠올리게 하는 이유는 무상 급식 반대에 사용되었던 인도주의humanism 어법이 되풀이되기 때문이다. 그때나 지금이나 약자의 편에 서겠다던 언론 중 일부가 평소엔 서민에 별로 관심이 없던 곳이라는 점도 여전하다.

> "중산층이나 부유층 자녀에게 공짜 점심을 제공할 돈으로 서민층 자녀의 장학금을 늘리는 것이 훨씬 실속 있는 서민 정책일 것"
>
> -2010.3.14.《동아일보》사설

> "여유 있는 집 아이들에게까지 무상으로 급식하는 것은 예산 낭비"
>
> -2010.2.14.《조선일보》사설

“기본소득은 부유층, 가난한 계층 모두 같은 액수를 지급하자는 것 …… 소득이 적은 이들에게 더 많은 혜택이 돌아가도록 해야 정의 실현 아닌가?”

-2020.6.11. 오세훈 당시 전 서울시장

2011년에 무상 급식을 반대해서 서울시장직을 사퇴했던 오세훈은 동일한 논리로 기본소득을 반대하며 ‘안심소득’을 제창했고 지금은 다시 서울시장직을 맡고 있다. 어려운 사람은 자신들만 도드라져 보이기를 원치 않고, 모두가 같이 혜택을 누리는 것을 선호한다는 사실을 그들은 이해할 수 있을까? 모두를 위한 무상 급식, 모두를 위한 기본소득은 그들의 주장대로 ‘서민’을 위해 하는 것이다. 보편적 무상 급식이 삼성전자 부회장의 자녀를 위한 것이 아니었듯이 보편적 기본소득도 재벌을 위한 것이 아니다.

4 기본소득인가 일자리인가

최저 임금을 높이면 된다는 생각

소득 보장이란 주제를 떠올리면 문재인 정부 초기의 주요 경제 정책 기조였던 '소득 주도 성장'이 떠오를 것이다. 소득 주도 성장의 가장 중요한 수단은 최저 임금 인상이었다. 그 맥락에서 이런 의문도 가질 수 있다. 기본소득을 실시할 것이 아니라 최저 임금을 올리면 되지 않을까? 기본소득은 최저 임금의 어떤 단점을 보완할 수 있는가? 기본소득과 최저 임금은 어떤 관계를 맺어야 하는가? 이에 대한 해답을 얻기 위해서는 문재인 정부의 최저 임금제를 살펴볼 필요가 있다.

2016년 촛불 시위 이후 등장한 문재인 정부는 2018년에 최저 임금을 16.4퍼센트 올렸다. 1988년 대한민국에 최저 임금제가 도입된 이래 가장 인상폭이 컸던 해는 대대적 노동자 파업의 직접적 영향을 받은 1989년이었다. 무려 26.3퍼센트가 올랐다. 이번 최저 임금 인상은 1991년의 18.8퍼센트, 'IMF위기'에서 빠져나온 직후인 2001년의 16.6퍼센트의 뒤를 잇는 높은 인상률이었다. 물론 최저 임금 인상률이 높을 것이라는 점은 모두 예상하고 있었다. 문재인 대통령은 후보 시절 "현행 최저 임금(시급)을 2020년까지 1만 원으로 인상"[11] 한다는 공약을 내걸었기 때문이다. 2017년에 시간당 6470원인 최저 임금을 2020년에 1만 원이 되게 하려면 연간 평균 16퍼센트씩 인상은 수학적으로 당연하다.

문재인 정부는 대통령 취임 직후인 2017년 7월 25일 〈새정부 경제정책방향 – 경제 패러다임의 전환[12]〉이라는 유명한 문서를 발표하여 "소득 주도 성장"을 새 정부의 제 1 경제정책 방향으로 제시하고 "가계를 분배 객체에서 성장 주체로 인식을 전환"하여 "가계의 실질 가처분 소득 증대"를 "성장의 새로운 원동력으로 활용"하겠다고 천명했다. 이때 새로운 성장 원천으로서의 가계 소득 증대 방안 제일 앞에는 최저 임금 1만 원이 위치했다. 국가의 경제 성장을 이끌어야 할 중차대한 임무가 최저 임금 1만 원에 부여된 것이다.

하지만 최저 임금은 2019년 10.9퍼센트 인상에 이어 2020년 2.9퍼센트 인상에 그쳤고, 이로써 문재인 정부는 2020년에 최저 시급을 1만 원으로 인상한다는 공약을 지키지 못했다. 급기야 2020년 최저 임금 확정을 앞둔 2019년 7월 대통령은 "대선 공약을 지키지 못하게 된 것을 사과드린다"며 대국민 사과를 했다. 사태는 거기서 끝나지 않았다. 1년 후 2021년 최저 임금 인상률은 1.5퍼센트에 그쳤는데 이 수치는 1988년 최저 임금제가 도입된 이래 최저 인상률이었다. 문재인 정부의 마지막 임기인 2022년은 최저 임금이 5.1퍼센트 인상되어 직전 두 해에 비해 '크게' 인상됐다. 최종 결과는 어떨까? 그간의 추이와 살펴보면 다음과 같다.

연도별 시간당 최저임금 추이

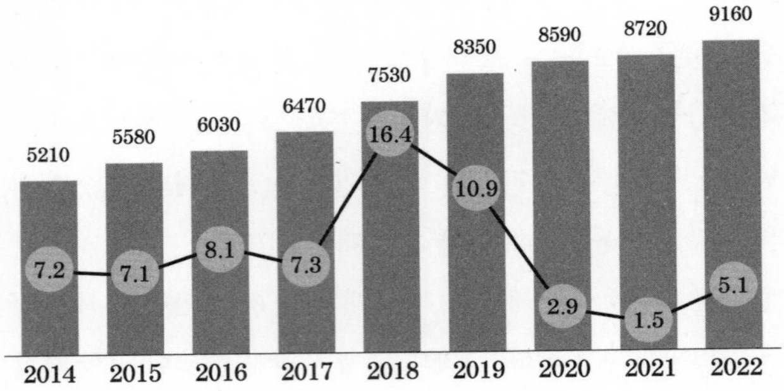

2014~2017년 박근혜 정부 4년간 최저 임금은 총 1610원 올라 연간 402.5원씩 인상됐고, 연간 평균 인상률은 7.42퍼센트였다. 2018~2022년 문재인 정부 5년간 최저 임금은 총 2690원 올라 연간 538원씩 인상됐고, 5년간 최저 임금의 연간 평균 인상률은 7.20퍼센트다. 2020년 최저 임금 1만 원만 물 건너간 것이 아니라 문재인 정부 5년간의 평균 최저 임금 인상률이 박근혜 정부 4년간의 인상률에도 못 미친 것이다. '태산명동 서일필太山鳴動 鼠一匹'이 따로 없는 결과다.

그런데 문재인 정부의 최저 임금 인상은 전 정부와 대비해 낮은 인상률만 문제인 게 아니다. 최소 두 가지 문제를 함께 봐야 한다. 먼저 정책의 일관성이 없었다는 점이다. 16.4, 10.9, 2.9, 1.5, 5.1퍼센트로 인상률이 '널뛰기'를 했다. 차라리 7퍼센트대의 꾸준한 인상이 경제와 자영업자에 충격이 덜했을 것이다. 박근혜 정부 4년간의 일관된 정책 기조와 비교하면 차이가 두드러진다. 다음으로 2018년부터 상여금과 복리 후생비 등을 최저 임금 액수에 포함하는 '최저 임금 산입 범위' 확대가 꾸준히 이루어져 실질 최저 임금 인상률은 명목 수치보다 더 낮았다. 심지어 월 임금을 인하하고도 최저 임금 인상 방침을 준수할 수 있을 정도였다. 2024년이 되면 상여금과 복리 후생비 '전액'을 최저 임금 액수에 산입할 수 있게 된다. 이 정도면 도대체 문재인 정부의 최저 임금제는 무엇을 위함이었는지 되묻지 않을 수 없다.

최저 임금 제도는 꼭 필요한 정책이다. 시장에서의 노동 계약은 경제학 원론에서 말하는 것처럼 자유로운 개인의 자유로운 계약이 아니다. 시장은 힘의 우열이 뚜렷한 권력의 장에 가깝다. 품위 있는 일자리가 줄어들고 실업이 늘어나며 불황이 심화할수록 시장에서 노동자의 힘은 더욱 약해진다. 따라서 노동자의 삶의 최저선을 지키기 위해서, 노동자가 최소한의 생존권을 누리기 위해서 최저 임금이라는 정부의 시장 개입이 꼭 필요하다. 대한민국 헌법 제32조 제1항에도 "법률이 정하는 바에 의하여 최저 임금제를 시행하여야 한다"고

명시하고 있고 최저 임금제를 실시하지 않는 것은 애초에 '위헌'이다. 최저 임금 제도 자체를 싫어하는 사람 중에 박근혜 정부 지지자가 있다면, 박근혜 정부의 최저 임금 인상률을 꼭 체크해 보길 권한다.

복지 선진국 중에는 최저 임금제가 없는 나라도 있다. 노르웨이, 스웨덴, 덴마크, 핀란드, 오스트리아 같은 나라들이다. 대신 이 나라들은 노동자의 삶의 질을 보장하는 사회적 힘이 존재하고 법적, 제도적 정비가 이미 이루어져 있다. 독일은 2015년이 되어서야 최저 임금제를 도입했다. 다시 말해 그 이전에는 필요하지 않았다는 것이다. '하르츠 노동 개혁Hartz-Konzept'[13]으로 인한 '미니 잡mini job' 등 비정규직 노동의 증가, 이주 노동자의 대량 유입 등으로 노동자의 임금이 최저선 이하로 떨어질 위험성이 커졌기에 최저 임금제를 시작한 것이다. 최근에 출범한 사민당·녹색당·자민당 신호등 연정은 2022년에 최저 임금을 25퍼센트 인상하겠다고 발표했다.

그런데 최저 임금제가 필요하고 헌법에 따른 "적정 임금의 보장"이 이루어져야 한다는 것과 그것이 '경제 성장의 동력'이 될 것인가의 문제는 다른 것이다. 최저 임금이 경제 성장의 동력이 될 수 있는가의 문제 이전에, 먼저 성장 자체가 현시점에서 옳은 것인지 반추할 필요가 있다. 기후 위기 시대는 지속적 성장이 가능한지와 그것이 바람직한가에 대한 도전이 제기되는 시대다. 온실가스로 인해 높아지는 지구의 평균 온도는 임계점을 향해 가고 있다. 이를 위해 에너지 사용량을 줄이고 성장주의 전략의 재고가 논의되는 시점이다. 게다가 최저 임금의 보장과 이를 성장으로 연결한다는 발상은 에너지 사용량을 줄이면서 성장도 함께할 수 있다는 '녹색 성장'의 구상과 유사한 면이 있다. 녹색 성장 구상은 최소한 전 지구적으로 증명된 바 없다.

소득 주도 성장은 국제노동기구ILO의 '임금 주도 성장wage-led growth'을 한국형으로 적용한 것이다. 가계 소득의 증가, 즉 총수요의 증가가 경제 순환의 중요한 요소이긴 하지만 그것이 경제 성장과 직결될 수 있을 것인지는 의문의 여지가 있다. 기본적으로 성장은 기업 활동의 결과이기 때문이다. '수출 주도 성장'과 '부채 주도 성장'을 대신할 새로운 패러다임을 실천하려 했다면 재벌 독식의 경제 구조를 해체하고 중소기업과 자영업자를 경제의 주역으로 일으켜 세우면서 자산 및 소득 불평등을 완화하는 편이 옳았을 것이다. 문재인 정부는 사실상 재벌의 손을 잡았고 부동산 가격은 폭등하였으며 증세는 미미했고 소득 불평등은 커졌다.

백번 양보해 소득 주도 성장이 맞는 이론이더라도 한국에서 최저 임금이 그 주요 방안이 될 수 있을지는 의심스럽다. 우선 최저 임금 인상은 최저 임금 선에 있는 노동자에게만 영향을 미친다. 최저 임금을 어느 정도 상회하는 노동자의 소득 증가와는 기본적으로 관계가 없다. 물론 최저 임금의 인상률이 가이드라인이 되어서 다른 노동자들의 임금 인상에 영향을 미칠 수 있지만 저성장과 실업의 시대가 되면서 그 효과가 미미해졌다. 2018년의 기록적인 최저 임금 인상에도 그 혜택을 본 노동자는 대상 노동자의 18.0~23.6퍼센트로 추정되고, 2021년은 5.7~19.8퍼센트의 노동자에게만 영향을 미친 것으로 추정됐다.[14] 적게는 전체 노동자의 18분의 1, 많아도 4분의 1에 해당하는 노동자, 그것도 저임금 노동자에만 영향을 미치는 최저 임금 인상이 어떻게 소득 주도 '성장'의 원동력이 될 수 있겠는가?

더 큰 문제는 경제 활동 인구의 구성이다. 2700만 명이 넘는 취업자 중에 '비임금 근로자' 즉 자영업자의 비율은 24.6퍼센트에 달한다. 한마디로 취업자 네 명 중 한 명이 자영업자인 것이다. 일본은 10퍼센트, 미국은 6.3퍼센트인 것에 비교할 때 한국의 자영업자 비율은 매우 높다. 여러 가지 이유가 있겠지만 근본적으로 경제 규모의 크기에 비해 기업의 고용 창출 능력이 떨어지기 때문이다. 우리나라 대기업의 고용유발 효과는 중소기업의 절반밖에 되지 않는다. 10억 원의 재화를 산출할 때 직·간접적으로 창출되는 고용자 수를 뜻하는 '취업유발계수'는 2013년 기준으로 대기업이 5.5, 중소기업이 9.7이었다.[15] 따라서 경제 구조가 대기업 위주로 구성되어 있다는 것은 고용 능력이 경제 규모 대비 상대적으로 낮다는 것을 의미하는 것이다. 경제 규모가 커질수록 자영업 비율이 줄지 않고 여전히 비대해 있는데 그 대부분은 영세 자영업이다.

영세 상인, 소상공인에게 최저 임금 인상이 얼마나 치명적인지는 설명이 필요 없을 것이다. 문재인 정부의 '새정부 경제정책방향'도 이 점을 잘 알고 있었기에 "최저 임금 1만 원 달성 지원"이라는 목표와 함께 "영세 소상공인 부담 완화를 위해 일자리 안정자금 지원"이라는 말을 바로 덧붙였다. 하지만 2021년 기준 1조 2900억 원에 지나지 않는 일자리 안정자금 재원으로는 5인 이상 사업장의 경우 노동자 1인당 최대 월 5만 원, 5인 미만 사업장이라 해도 노동자 1인당 최대 월 7만 원밖에 지급이 안 된다. 지난 5년간 시급은 6470원에서 9160원으로 2690원이 올랐고, 이를 감당해야 하는 영세 소상공인 입장에서는 '언 발에 오줌 누기'에 지나지 않는다. 법정 근로 시간을 월 176시간으로 볼 때 그 시간만큼 인상분인 2690원을 곱하면 47만 3440원이기 때문이다.

결국 정부가 표방한 "가계의 실질 가처분 소득 증대"라는 목표는 400만 노동자의 소득을 늘리고 700만 영세소상공인의 소득을 줄이는 정책이 되어 버린 것이다. 정부가 2020,

2021년의 최저 임금을 거의 올리지 못한 것에는 이런 딜레마가 작용했다. 그렇다고 최저 임금을 인상하지 말았어야 한다는 말은 아니다. 대기업의 이해를 대변하는 언론은 최저 임금 인상이 과도했다고 말하며 중소 상공인을 걱정하는 논조를 보이지만 정작 중소 상공인이 정말 힘든 이유가 대기업과 대기업 중심 경제 구조 때문이란 점은 함구한다.

영세 소상공인을 향한 최저 임금 인상의 부작용을 지적하는 이유는 최저 임금 인상을 비판하기 위한 것이 아니라 최저 임금 정책의 한계를 확인하기 위함이다. 최저 임금제는 임금 노동자의 삶의 최저선을 지키고 생존권을 보장하는 시장 개입으로 보면 충분하다. 그리고 그 인상은 최저 임금 노동자에게는 매우 큰 의미를 가진다. 하지만 그 이상의 임무를 최저 임금제에 부여하면 안 된다. 전체 취업자의 가처분 소득을 증가시킨다든가, 소득 주도 성장을 이룬다든가, 경제 패러다임을 바꾼다든가 같은 목표 말이다.

만약 최저 임금 인상과 기본소득을 함께 실시할 수 있다면 최저 임금 인상이 소상공인에게 가하는 압박을 크게 완화할 수 있을 것이다. 기본소득은 자영업자건 자영업자에 고용된 노동자건 차별 없이 지급되기 때문이다. 계속될 최저 임금 인상의 압박에 대응해 일자리 안정 자금이라는 쥐꼬리만 한 재정을 지출하는 게 아니라 큰 규모의 증세를 통해 마련된 소득 재분배 정책, 즉 기본소득을 통해서 그 압박을 완화해야 할 것이다.

일할수록 더 주어야 한다는 생각

정치인들은 공공부조 제도가 수급자의 근로 의욕을 전혀 자극하지 못하는 것이 못마땅하다. 정책가들은 '노동 빈곤층 working poor' 즉 안정적인 사회 보험 가입자도 아니고 그렇다고 공공부조 대상도 되지 못하는 이들에게 적절한 복지 제도를 고민한다. 전혀 다른 듯한 두 생각은 노동자가 일을 하지 않으면 복지 급여를 주지 않고 일을 해서 소득이 증가할수록 그에 따라 복지 급여를 늘려주는 정책 아이디어에 도달했다. 그것이 1975년 미국에서 도입된 '근로장려세제Earned Income Tax Credit · EITC'이다. 특히 1993년에 빌 클린턴 미국 대통령은 EITC의 규모를 세 배로 키워 미국을 대표하는 '노동연계복지 workfare' 정책의 하나로 자리 잡게 했다.

EITC는 아시아 최초로 한국에 수입되어 2009년 이명박 정부 때 '근로장려금'이란 이름으로 시행됐다. 근로장려금은 해가 거듭될수록 복지 급여를 위한 소득 기준 등이 조금씩 상향하지만 그 기본 골조엔 변함이 없다. 현재까지 이어져 오는 근로장려금은 2022년 현재 어떤 모습일까? 일단 재산 기준은 가구 구성원 모두의 재산 합이 2억 원 미만이어야 한다.

2022 근로장려금

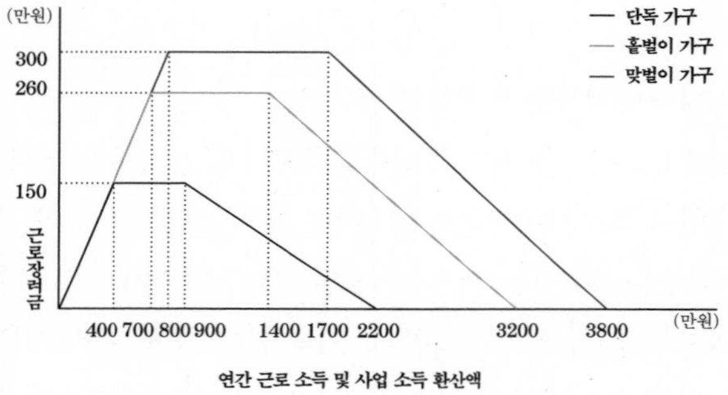

근로장려금은 소득 증가에 따라 증가-정체-감소-소멸의 과정을 거친다.

가구원 구성에 따라 소득 기준과 근로장려금 액수가 다르니, 단독 가구 기준으로 제도의 설계를 살펴보자. 연간 소득이 400만 원 미만일 때는 그래프에 따라 근로장려금 = 소득 × 150/400이 된다. 즉 소득이 증가함에 따라 꾸준히 근로장려금도 증가하게 되며 연간 소득이 400만 원이 되면 근로장려금이 150만 원이 된다. 이 구간은 소득이 늘어날수록 근로장려금이 늘어나는 '근로 의욕 고취 구간'으로서, 이 구간만이 사실은 제도의 취지에 부합하는 구간이다. 하지만 연간 소득이 400~900만 원 사이인 단독 가구는 근로장려금이 그냥

150만 원 정액으로 변동이 없다. 연간 소득이 900만 원이 넘어서면 근로장려금이 비례해서 깎이기 시작하며 연간 소득이 2200만 원이 되는 순간 근로장려금은 0원이 된다. 즉 근로장려금 대상에서 제외된다.

감소 시작 구간인 연 소득 900만 원에서 출발해 연 소득 1400만 원이 되었다고 가정해 보자. 근로장려금이 약 57만 원 정도 깎이긴 하지만, 총 93만 원 정도의 근로장려금을 받게 되므로 소득 증가율보다 근로장려금 감소율이 작긴 하다. 그러나 일을 더 할수록 복지 급여를 늘려준다는 원래 제도의 취지와는 다소 부합되지 않는다. 하지만 근로장려금 감소 구간을 두는 것은 제도 설계상 어쩔 수 없는 일이다. 연 소득이 2200만 원인데도 여전히 근로장려금 150만 원을 지급하면, 연 소득이 2300만 원인 사람보다 총소득이 더 많아지는 '소득 역전'이 생기기 때문이다. 어쨌든 근로장려금의 설계를 보면 전 구간에 걸쳐서 근로 의욕을 고취하는 것은 분명히 아니다. 그래서 미국에서는 EITC의 최고액을 받는 구간까지만 일하는 사람들도 많다고 한다.

하지만 근로장려금 제도의 진정한 문제점은 소득이 증가하는 방향이 아니라 소득이 감소하는 방향에 있다. 즉, 그래프의 왼편 구간이다. 코로나 불황 같은 상황으로 근로 소득이 감소하거나, 아파서 아예 일을 못 하게 되면 어떤 일이 생길

까? 이 제도에 따르면 연 소득 400만 원일 때 근로장려금 150만 원을 받던 사람이 연 소득 200만 원이 될 경우 복지 급여가 늘어나긴 커녕, 근로장려금도 덩달아 75만 원으로 줄어든다. 아파서 소득 활동을 못했다면 근로장려금은 0원이다. 일을 더 할수록 복지 급여를 더 준다는 말은, 일을 덜 할수록 복지 급여를 줄인다는 얘기고, 결국 아파도 일하러 나갈 수밖에 없게 만드는 제도인 셈이다. 근로장려금 제도는 교묘하게 위장된 노동 강제 시스템이다. 안철수 국민의당 대표는 2020년 총선을 앞두고 EITC 확대를 공약하면서 이것을 '한국형K 기본소득'이라 불렀다.

아픈데도 일하지 않으면 먹고 살 수 없게 만드는 제도는 결국 노동자를 죽인다. 심장병을 앓고 있는 한 건설 노동자가 영국 보수당 정부가 만든 '고용지원수당Employment Support Allowance · ESA' 제도 아래에서 복지 급여를 받지 못하고 그에 맞서 싸우는 이야기를 그린 영화가 2016년 칸 영화제 대상인 '황금종려상'을 수상했다. 영국의 거장 켄 로치Ken Loach 감독이 만든 〈나, 다니엘 블레이크I, Daniel Blake〉다. 심장이 아픈데도 일을 계속하던, 그러나 노령 수당을 받을 나이가 되지 않았던 다니엘 블레이크는 결국 화장실에서 쓰러진다. 영국 보수당 정부는 이 ESA를 포함한 여섯 개의 복지 제도를 통합하여 'Universal Credit'이라는 제도를 만들어 시행하고 있다. 이것이 영국판 EITC이다.

노동연계복지workfare는 사실상 강제 노동forced labour이다. 이에 반해 기본소득은 무조건적 급여를 보장함으로써 삶의 최저선을 보장하고 노동에 대한 노동자의 선택의 자유를 넓힌다. 기본소득의 '무조건성' 원칙은 삶과 죽음을 가르는 원칙인 것이다.

돈 대신 일자리를 주어야 한다는 생각

하남시의 미사도서관에서 하남시민들을 상대로 기본소득에 대해 강연을 하던 중이었다. 1부가 끝나고 휴식 시간을 갖자고 했더니, 어르신 한 분이 화를 내면서 벌떡 일어나 강연장을 나가시길래 쫓아가서 이유를 여쭈어보았다. "어르신, 강연에 무슨 언짢은 내용이라도 있었나요?"라고 묻자 "아니! 젊은이들이 일을 하도록 교육해야지, 돈을 풀면 되나? 물고기를 잡는 법을 가르쳐야지 물고기를 거저 주면 되겠냐고?"라고 하시면서 어르신은 도서관을 빠져나가셨다. 돈이 아닌 일자리를 주어야 하는 것 아니냐는 이의는 기본소득과 관련해 가장 많이 제기되는 질문이기도 하다.

하지만 민간 일자리가 불안정해지고 줄어드는 현대 경제의 추세는 막을 수 없다. 이렇게 일자리가 줄어들고 있을 때 정부는 어떤 역할을 해야 할 것인가? 정부는 공공 일자리를 보장해야 할 것인가 공적 소득을 보장해야 할 것인가? 일자리와 기본소득은 어떤 관계인가? 그리고 기본소득은 결국 일을 하지 말자는 아이디어인가?

정부의 재발견

정부 역할에 대한 논의는 다양한 위기 상황에서 떠올랐다. 이를 톺아보는 것은 곧 앞서 던진 질문의 답을 찾는 과정과 연결되어 있다. 자본주의 경제는 동시에 풀 수 없는 양대 문제를 안고 있다. 인플레이션과 실업이다. 고용이 늘어나고 경기가 회복되면 인플레이션이 일어난다. 물가 안정에 정책의 초점을 맞추면 실업률이 늘며 경기 침체라는 유령이 출몰한다. 실업률과 물가 상승률(임금 상승률)이 이러한 상충 관계에 있음을 나타낸 것이 '필립스 곡선Phillips Curve'이다. 다만 1970년대는 이런 상충 관계를 뛰어넘어 불황 속에서도 물가 상승이 지속하는 스태그플레이션 현상이 발생했다. 그 결과, 전술했듯이 케인스주의 복지 국가 체제가 설득력을 잃고 신자유주의가 득세하는 계기가 됐다.

그러나 주지하다시피 시장은 완벽하지 않았다. 말로만 듣던 금융 위기는 실제로 얼마나 심각했는가? 신자유주의 체제를 무너뜨린 2007~2008년 글로벌 금융 위기 당시의 상황은 처참했다. '합리적인 시장'이란 존재하지 않았고 금융 시장은 사기와 기만으로 점철된 아수라장이었다. 수수료와 이자 수익을 얻기 위해 무리한 대출을 일으키고, 그러한 부실 채권을 끌어모아 실체를 알 수 없는 금융 파생 상품을 만들어 내고, 신용 평가 기관은 그런 저열한 파생 상품에 '우량' 판정을 해 주며 거액의 평가료를 받아 챙겼다. 또 누군가는 그 파생 상품의 가치가 폭락할수록 돈을 버는 새로운 파생 상품을 만들어 내는 지경에 이르렀다. 이는 SNL 작가 출신 감독 애덤 맥케이Adam Mckay의 영화 〈빅쇼트Big Short〉에 잘 묘사돼 있다. 대출받은 사람을 찾아가 보니 사람이 아니고 강아지였다는 영화의 한 장면은 당시 상황과 금융 체제가 얼마나 부조리한가를 통렬하게 꼬집는 블랙 코미디였다. 시장 행위자market actors들이 모두 자기 몫을 챙기려고 혈안이 된 상황에서 선량한 사람은 재산을 잃고 집을 빼앗겼다.

창립한 지 150년이 넘는 미국의 4대 투자 은행이었던 '리먼 브라더스Lehman Brothers Holdings Inc.'가 2008년 파산했을 때 부채 규모는 6130억 달러에 달했는데 그 당시 경제 규모 세계 17위였던 터키의 1년 국내 총생산GDP에 맞먹는 액수였다. 이 사태를 수습하기 위해 리먼 브라더스 파산 전후 막대한 '공적 자금'이 투입됐다. 국민의 세금으로 '도덕적 해이moral hazard'에 빠진 금융 회사들을 살린 것이다. 결과적으로 신자유주의의 믿음과는 정반대로 시장의 혼돈을 구한 것은 결국은 정부였다. 또한 금융 위기는 시장에 대한 정부의 규제가 얼마나 중요한 것인지 상기시켰다. 대중이 정부의 역할을 새롭게 발견하는 계기가 된 것이다.

날로 심화하는 기후 위기도 수십 년간 유지된 시장과 정부에 대한 인식을 바꾸는 데 큰 영향을 미쳤다. 기후 위기 대응의 긴급성을 알리는 과학자들의 보고와 온실가스를 줄이려는 국제 사회의 계속된 합의에도 불구하고 기후 변화의 추세는 전혀 꺾이지 않았다. 주가를 높이고 주주의 부를 극대화하는 데 여념이 없는 대자본들은 셰일 가스같이 노골적인 반환경적 사업에 뛰어들거나, 'ESG 경영'과 같은 '친환경 이미지 세탁green washing'에 골몰하거나, 에너지 전환을 새로운 이윤 창출의 기회로만 바라보는 태도에서 벗어나지 못했다. 기후 위기 대응을 시장에 기대할 수 없는 상황에서 사람들은 녹색 전환을 위한 정부의 대규모 재정 투입과 시스템 전환을 요구했다. 그 결과 '그린 뉴딜Green New Deal'과 같은 구상이 등장하였다.

신자유주의를 박물관 속으로 영영 보낸 사건은 바로 코로나19다. 이는 방역과 경제 두 영역에 한꺼번에 닥친 위기였다. '바이러스는 돌지 않게 하면서 경제는 돌게 하는' 딜레마와도 같은 임무가 인류에게 떨어졌다. 각국 정부는 유례를 찾을 수 없는 천문학적인 재정을 투입했다. 2021년 5월 기준 각국의 GDP 대비 코로나19 관련 재정 지출 비율은 일본 53.69퍼센트, 독일 34.81퍼센트, 이탈리아 30.84퍼센트, 미국 26.46퍼센트, 영국 18.07퍼센트 등이다.[16] 2020년 미국 GDP가 21조 달러 정도이므로 그것의 26.46퍼센트라면 5.5조 달러, 우리 돈 6600조 원이 넘는 어마어마한 액수다. 우리나라 1년 예산의 열 배가 훌쩍 넘는다. 코로나19는 시장이 할 수 없는 일이 뭔지를 분명히 보여 주었다.

포스트케인스주의 일자리보장 이론의 등장

금융 위기, 기후 위기, 코로나19를 거치는 동안 재평가된 정부 역할에 대한 인식은 20세기에 거의 무시당했던 한 경제학자를 소환시켰다. 바로 하이먼 민스키Hyman Minsky다. 주식 투자를 하는 사람이라면 주가 폭락의 가능성을 설명하는 '금융 불안정성 가설'의 주창자로만 알고 있겠지만, 그는 포스트케인지언post-Keynesian 경제학자로서 '경제적 주체'로서의 정부의 역할에 대한 강한 믿음을 가지고 있었다. 그는 민간이 충분한 일자리를 공급하지 못하는 상황에서는 정부가 직접 일자리를 제공하여 '완전 고용'을 달성해야 한다고 주장했다. 민스키를 따르는 포스트케인지언 경제학자들은 '일자리보장Job Guarantee·JG' 이론을 정교화했다. 거기에 미 상원의원 버니 샌더스Bernie Sanders와 하원의원 알렉산드리아 오카시오 코르테스

Alexandria Ocasio-Cortez · AOC 같은 '민주적 사회주의' 정치인들, 'Sunrise Movement'로 대표되는 기후 운동이 '연방 일자리보장' 정책을 제시하면서 일자리보장 이론은 점점 주목받고 있다.

일자리보장은 일할 능력과 의사가 있지만 민간 시장에서 적합한 일자리를 구하지 못한 '모든' 사람들에게 정부가 직접 일자리를 제공해야 한다는 구상이다. 중앙은행이 시중에 유동성liquidity, 즉 화폐 공급의 최종적 책임을 진다는 의미에서 '최종대부자lender of last resort'라고 불리는 것에 비유하여, 일자리보장 프로그램을 제공하는 정부의 역할을 '최종고용주employer of last resort · ELR'라고 부른다. 민간 금융기관이 해결하지 못하는 금융 위기 문제를 결국 중앙은행이 자신의 발권력으로 해결하듯이, 민간 기업이 해결하지 못하는 고용의 문제를 정부가 직접 고용을 보장함으로써 최종적으로 해결한다는 의미다.

케인스주의는 전통적으로 실업 해소와 고용 증가에 있어 정부의 역할을 강조해 왔다. 다만 표준적인 케인스주의가 정부의 재정 지출 확대로 총수요를 확대하고 '민간 기업의 고용'을 증대하는 방식으로 실업을 해소하는 반면, 포스트케인스주의 경제학자들의 일자리보장 정책은 그 비용으로 '정부가 직접 고용'을 창출하는 계획이다. 일자리보장 프로그램이 제공하는 일자리는 민간 부문과 경합하지 않아야 하므로 주로 교육, 훈련, 재능 공유, 예술, 환경, 돌봄, 양육, 순찰 등의 지역 내 공공 서비스에 관련된 일일 수밖에 없다. 그래서 일자리보장은 공공 서비스 고용public service employment · PSE이라고도 불린다.

《자본론》의 저자 카를 마르크스Karl Marx는 실업자를 자본주의가 저임금 체제를 위해 구조적으로 창출하는 '산업예비군reserve army of labor'으로 보았다. 실업자가 많으므로 기업주는 자신의 노동자들에게 임금을 적게 주어도 되는 것이다. 일자리보장은 이 구조적 실업자를 공공 부문에 고용된 노동자로 전환함으로써 산업예비군을 '완충 지대buffer stock'로 바꾼다. 불황이 심화하면 민간 부문에서 해고된 사람들을 공공 부문에 고용하여 경기를 부양한다. 경기가 회복되면 일자리보장 프로그램에 있던 사람들이 더 좋은 대우를 해주는 민간 부문으로 이동한다. 민간 부문이 과도하게 팽창해 임금 상승과 인플레이션이 발생하면 민간 부문의 고용이 감소하고 다시 공공 부문이 늘어난다. 이런 식으로 일자리보장은 완전 고용을 만드는 '완충 지대'이자 인플레이션을 조절하는 '자동 안정장치automatic stabilizer' 역할을 한다. 이것이 일자리보장론의 핵심 내용이다.

일자리보장론과 기본소득

기본소득과 일자리보장은 실업과 불안정 노동, 그로 인한 빈곤과 소득 불평등을 해결하기 위한 정반대의 철학에 기초해 있다. 기본소득이 '노동과 관계없이 소득을 얻을 수 있는 권리'를 말한다면, 일자리보장은 '소득을 얻을 수 있는 일자리에 대한 권리'를 말한다. 기본소득은 노동 시장에 대한 '긍정적 외부 효과'를 주는데, 다시 말해 노동 시장 외부의 소득을 제공함으로써 노동 시장에 종속될 압박을 줄여주고 노동자가 낮은 임금의 나쁜 일자리를 거부할 수 있는 협상력을 높여준다. 노동자들이 그 일을 안 하려고 한다면 그 일의 임금은 올라갈 것이다. 그에 반해 일자리보장은 '직접적 노동 시장 개입' 전략이다. 민간 기업과 시장이 해결하지 못하는 '비자발적 실업'의 문제를, 최저 임금 수준의 일자리를 무한탄력적으로 창출하여 해결하려는 완전 고용 계획이다.

일자리보장론이 간과한 것

정부를 '최종고용주'로 격상시키는 일자리보장 이론을 어떻게 바라봐야 할까? 첫째, 일자리보장론자들은 일job이 인간의 학습 도구이자 관계 형성 및 자아실현의 수단으로서 단순한 소득 원천 이상의 '내재적 가치'를 가지고 있다고 본다. 그런데 과연 그럴까? 현실 세계에서 품위 있는 일자리는 극소수이며 대부분 자아실현을 이루는 의미 있는 일work로서 기능하지 못하고 생계를 위한 노동labor에 그친다. 일자리보장의 일자리는 주로 지역 사회가 필요로 하는 공공 서비스와 관련된 일이므로 참여자에게 더 긍지와 보람을 줄 것이라고 일자리보장론자들은 주장한다. 하지만 그들의 주장과 달리, 그것은 민간 부문에서 일자리를 구하지 못한 실업자를 위해 준비된 '시혜적' 일자리, 곧 '비자발적 고용'으로 여겨지지 않을까? 노동 시장은 민간 노동 시장과 일자리보장 영역으로 분할될 것이다. 민간 부문이 경합하지 않는 공공의 일자리는 옛날의 취로사업[17] 같은 위상이 되어 참여자에게 '내재적 가치'가 아닌 낙인과 굴욕을 안겨줄 가능성이 크다.

둘째, 일자리보장론자들은 일자리보장 프로그램에서 제공하는 일은 '공정한 일fair work'로서 노동자가 누려야 할 '노동의 권리'라고 주장하지만, 현실에서는 '노동연계복지workfare'의 거대 버전으로서 '노동의 의무'를 부과하는 사실상의 강제 노동이 되기 쉽다. 일자리보장 프로그램은 '완전 고용'을 전제로 하기 때문에 특정 기간 지급하는 사회 보험으로서의 실업급여는 있겠지만 일을 계속 못 구할 경우 지속적으로 지급하는 공공부조로서의 실업부조는 사라지기 때문이다. 일자리보장 프로그램이 전면화된 세상에서는 적절한 민간 일자리를 구하지 못해 생계가 어려울 때 일자리보장 프로그램이 제시하는 공공 일자리를 수용할 수밖에 없다. 일자리보장 프로그램에의 자유로운 참여라는 구호는 허울이다. 만약에 제시된 일이 마음에 들지 않아 그 일을 거부한다면 그에겐 '일할 의사가 없다'는 딱지가 붙게 되어 일자리보장의 대상에서 제외될 수도 있다.

장애, 노령 등으로 일할 수 없다면 어떻게 소득을 보장해야 할 것인가의 문제도 남는다. 일자리보장에서는 이를 별도의 소득 지원 사회 수당 정책으로 해결해야 한다고 말하는데, 그것은 기존의 선별 지급 정책의 문제점을 되풀이하는 것이다. 장애로 따져보면 극명하다. 어느 정도의 장애를 가져야 일자리보장 프로그램에 해당하고 어느 정도 이상의 장애를 가져야 사회 수당을 받을 수 있는 것인가? 그 기준은 누가 어떻게 정하는가? 관료주의의 망령이 재현되는 것이 아닌가? 앞서 영화 〈나, 다니엘 블레이크〉에서 주인공이 겪었던 비참함은 일자리보장에서도 반복될 것이다.

셋째, 일자리보장론자들은 일자리보장 임금이 임금 최저선을 결정하므로 민간 부문의 임금을 이보다 높은 수준으로 강제하는 효과를 갖는다고 한다. 그에 반해 기본소득은 빈곤선을 넘게 해 줄 뿐 임금 인상을 압박하는 효과가 전혀 없다고 비판한다. 하지만 과연 시혜적 일자리에 최저 임금 선을 훌쩍 넘는 '생활 임금' 수준의 임금을 제공하는 게 가능한가?

일자리보장론자들 상당수가 신봉하는 '현대화폐이론Modern Monetary Theory · MMT'[18]에 따르면 자국 화폐에 대한 통제권을 갖는 정부는 어떠한 정부 프로그램에 대해서도 발권력을 이용하여 비용을 충당할 수 있다. 따라서 이 이론이 맞다면 재정적으로는 생활 임금 수준의 일자리 보장이 지속 가능하다고 볼 수 있다. 그러나 정치적으로는 지속하기 어렵다. 재정 낭비를 비판하는 부유층과 중산층의 목소리 외에도 민간 영역의 저임금 노동자가 반발할 것이기 때문이다. 그러한 정치적 반발로 인해 일자리보장 프로그램이 제공하는 일자리는 그들의 이론적 가설과는 달리 결국 저임금을 고착화하는 제도가 될 가능성이 크다. 그렇게 되면 그 일자리는 일자리보장이 애초에 전제로 한 '내재적 가치'를 주지 못할 뿐만 아니라, 민간 일자리의 임금 수준을 지탱하는 '닻anchor' 혹은 '기준점benchmark' 역할을 하지 못한 채 민간 일자리 임금 수준을 하향 수렴하는 역할을 하게 된다.

넷째, 일자리보장 구상은 '노동 능력이 있는 자'와 '노동 능력이 없는 자', '가치 없는 빈민undeserving poor'과 '가치 있는 빈민deserving poor'이라는 오래된 허위의 구분에 도전하는 것이 아니라 오히려 그것을 승인하고 강화한다. 반면 기본소득은 이러한 허위의 구분에 정면으로 도전한다. 일자리보장론자들은 기본소득이 도입된 사회에선 일하지 않는 사람들이 일하지 않는다는 사실로 인해 낙인을 찍힐 가능성이 높다고 전망하면서, 일자리를 통해 소득을 지급하는 일자리보장이야말로 사회적 낙인을 없애는 방법이라고 주장한다. 물론 비자발적 실업 상태거나 실업부조 등 복지 수당의 수령이 힘들고 굴욕적일 때 실업은 낙인을 동반한다. 그런데 실업이 낙인인 이유는 우리가 노동을 중시하는 체제 속에 살고 있기 때문이다. 이와 관련해 'Center for Ethics and Human Values · CEHV'의 부소장 케이트 맥팔런드Kate McFarland는 이렇게 말한다. "일자리가 본질적으로 우리를 행복하게 하기 때문에 우리 문화가 일자리에 가치를 두는 것은 아니다. 일자리에 가치를 두는 문화에 빠져 있기 때문에 고용되어 있음이 우리를 더 행복하게 하는 경향이 있는 것이다."[19] 근본적으로 일자리보장 구상의 근저에는 완전 고용에 대한 집착이 자리하고 있으며 그 집착은 결국 노동주의 및 생산주의에 대한 집착이다.

두 정책에 대한 오독

기본소득은 일자리보장과 정반대의 생각이다. 기본소득은 일자리보장의 철학과 방법론을 반대한다. '일자리보장에 대한 반대'를 천명할 때 이에 대해 노골적인 반감을 표시하는 이들이 있는데 이런 반응엔 두 가지 이유가 있다. 한편으로는 기본소득에 대한 오해 때문이며 다른 한편으로는 일자리보장에 대한 몰이해 때문이다. 두 정책은 어떻게 오독되었고 결국 어떤 것을 말하고 있는가?

먼저 일자리보장job guarantee은 공공 부문에서 정부가 직접 일자리를 만들어 내려는 '직접 일자리 창출direct job creation'과 다른 개념이다. 일자리보장은 민간이 고용 못 한 일자리의 갭을 모두 메우는, 경기와 관계없이 완전 고용을 달성하겠다는 거시적 정책 구상이다. 따라서 일자리보장에 대한 반대를 정부의 공공 일자리 확대 정책 자체에 대한 반대, 더 나아가 공공 사회서비스 및 공공 인프라 확충에 대한 반대로 착각해서는 안 된다. 우리나라는 선진국과 달리 복지 국가로의 진입을 꿈꾸기도 전에 신자유주의의 폭격을 맞은 나라다. 2017년 기준 우리나라의 공공 부문 일자리 비율은 9.0퍼센트로 OECD 평균인 21.3퍼센트의 절반도 되지 않는다. 마땅히 조세 부담률을 높이고 사회 복지 지출을 늘려 민간에 맡겨진 보건, 돌봄, 교육, 주거, 치안, 문화, 환경 분야의 사회서비스를 공공화하도록 노력해야 한다. 그렇게 한다면 공공 사회서비스 분야의 일자리도 자연히 늘어날 것이다. 하지만 그것은 '일자리보장'이 아니다.

문재인 정부는 정권 출범 직후 대통령 직속의 '일자리위원회'를 설치하고 일자리 상황판을 운영하면서 직접 정부가 일자리를 챙기겠다고 했다. 과거 이명박 정부도 '일자리가 최고의 복지'라는 논리를 폈지만, 그것은 본질상 복지 회피를 위한 논리이자 민간 일자리를 중심으로 한 친기업적 낙수 효과 정책이었다. 반면 문재인 정부는 공공 일자리 확대를 중심에 두고 "공공 부문이 모범 고용주로서 선도적 역할"을 수행하겠다고 선언했다. 이를 위해 공공 일자리 81만 개 창출과 공무원 17만 4000명 증원, 사회서비스 공공 일자리 34만 명 등을 공약했다. 하지만 결과는 미미하다. 2019년 기준으로 전체 공공 부문은 17만 1000명의 고용이 증가하여 공공 부문 일자리 비율은 9.5퍼센트로 0.5퍼센트포인트 상승을 가져왔을 뿐이다. 특히 민간 사회서비스를 공공 서비스로 전환하기 위해 추진한 '사회서비스공단' 설립은 '사회서비스원' 출범과 함께 고용 목표가 축소되었으며, 사회서비스원 직접 고용은 2020년까지 2400명에 그쳤다.

기본소득 지지자들은 정부 재정 투자의 확대, 공공 사회서비스의 확대를 강력히 지지한다. 동시에 그것이 기본소득을 대체하는 것이 아니라는 점 역시 분명히 한다. 기본소득 지급과 공공 사회서비스 강화, 공공 일자리 확대는 함께 이루어져야 한다.

일자리 문제에 있어 꼭 함께 살펴봐야 할 것은 기후 위기다. 기후 위기에 맞서는 기후 정의의 주요한 원칙으로 '정의로운 전환Just Transition'이 국제적으로 널리 받아들여지고 있다. 이는 일자리 창출과 기후 정의를 결합한 '녹색 일자리'에 대한 관심으로 이어진다. 정의로운 전환의 개념은 최근 "생산, 소비, 정치적 억압이라는 '추출적extractive' 체제에서 벗어나 회복력 있고, 재생적이며, 평등한 경제(기후 정의 동맹Climate Justice Alliance)"로 나아가는 것으로까지 그 '전환'의 개념이 확장되고 있지만, 원래의 의미는 '지속 가능한 녹색 경제' 내에서의 일자리 창출 계획이다. 예를 들어 석탄 발전소를 폐쇄할 때 그 석탄 발전소에 일하던 노동자들의 노동권과 생계를 어떻게 보장할 것인지에 관한 총체적인 사회적 개입이다. 그것은 전환의 과정에 노동자와 시민 사회가 참여 및 결정할 수 있게 하고, 전환기 동안 노동자와 그 가족의 생계를 보장하며, 환경과 충돌하지 않는 새 일자리로의 교육과 훈련을 지원하고, 궁극적으로 새 일자리 정착에 이르게 하는 기획이다.

일자리보장이 정부의 '직접 일자리 창출'과 동의어가 아니듯이 일자리보장은 정의로운 전환, 혹은 녹색 일자리 계획과 차원이 다른 거시적 경제 계획이다. 따라서 일자리보장에 대한 반대도 녹색 일자리에 대한 반대가 아니며, 기본소득 지지자들은 정의로운 전환과 녹색 일자리 확대를 지지한다. 하지만 생태적 전환의 수단으로 기본소득을 주장하는 사람들은 여기에 몇 가지 문제의식을 더한다. 예컨대 석탄 발전소에서 일하던 노동자가 태양열 발전소에서 일하게 되는 것이 '정의로운' 전환일까? 노동 시간과 노동 환경은 그대로이고 나를 고용한 사업주만 바뀌게 되는 것은, 아무리 그 사업주가 민간에서 공공으로 바뀌었다 한들 수평적인 작업장 이동에 불과하다. 정의로운 전환은 자본과 노동의 새로운 '성장 동맹'이 되어서는 안 된다.

기본소득 지지자들은 노동 시간이 단축되며 인간의 삶이 임금 노동에 의존하는 정도가 줄어드는 것에 깊은 관심이 있다. 주지하다시피 이것은 기본소득의 효과와 깊이 관련돼 있다. 기본소득은 '일자리 나누기'를 통한 개별 노동자의 노동 시간 단축이 '녹색 일자리'를 늘리는 것보다 더 중요하다고 본다. 더 나아가 사회적 총 노동 시간도 줄어들 필요가 있다. 기후 위기 시대에는 노동 총 공급을 늘리는 계획이 아니라 노동 총 공급을 줄이려는 계획이 시급한데, 이 모든 것은 기본소득과 결합해야 가능하다. 노동 시간을 줄이려는 맥락에서 '임금 삭감 없는 주 4일 노동제'라는 주장도 있다. 매우 진보적으로 보이지만 한계가 있다. 재벌 대기업은 감당할 수 있지만 대다수 중소기업과 영세 기업은 감당할 수 없기 때문이다. 그렇다고 임금 삭감을 방치하는 것도 당연히 옳지 않다. 결국 노동 시간의 단축은 기본소득 도입과 발맞추어갈 수밖에 없다.

일자리보장 프로그램의 일자리는 기후 위기를 전혀 조

장하지 않으며 공동체에 필수적인 일들로 구성되기 때문에 큰 의미를 가진다는 주장이 있다. 하지만 이것은 일자리보장을 해야 할 이유가 되지 못한다. 지역 공동체에 봉사하는 일이 무의미하다는 것이 아니다. 그것을 조건으로, 그것과의 교환으로 사람들의 생계와 소득을 보장하는 시스템이 옳지 않다는 것이다. 지역 공동체 봉사와 같은 의미 있는 일은 기본소득을 보장받은 시민들이 '자발적으로' 선택하는 것이 되어야 한다. 기본소득이 시행되면 그런 사람이 점점 늘어날 것이다. 이렇듯 기본소득의 '무조건성'은 건전한 공동체를 만들어가는 주요한 열쇠가 된다. 아무리 의미 있는 일이라도 그것이 일자리보장이라는 '비자발적' 프로그램 속에 있다면 소망스러운 결과를 얻기 어렵다.

최악의 경우로 일자리보장 프로그램이 '완전 고용' 이데올로기에 경도되어 일자리보장 프로그램의 정합성을 위해 필요하지도 않은 일자리를 일부러 만들게 된다면 그것이야말로 비효율의 '끝판왕'이 될 것이다. 기본소득 지지자였던 인권 운동가 마틴 루터 킹Martin Luther King Jr. 목사는 다음과 같은 말을 남겼다. "빈곤의 해결 방법은 빈곤을 '직접적으로' 없애는 것이다. 보장 소득guaranteed income으로." 일자리 이데올로기에 사로잡혀 있는 사람에게 꼭 들려주고 싶은 말이다. '일자리를 위한 일자리'는 문제를 우회하는 길일 뿐이다.

좋은 일자리는 줄어들고 불안정 노동이 확산하고 있는 현실에서 일자리보장 정책의 목소리는 당분간 높을 것이다. 다만 기대와 달리 일자리는 계속 줄어들 것이다. 미국 스탠퍼드대학교의 인류학자 제임스 퍼거슨James Ferguson은 《분배정치의 시대》에서 "물고기를 그냥 주라Give a man a fish"고 말하고 있다. 기업들이 대형화, 자동화된 특수 기술로 어업을 주도하면서 이제는 '물고기 잡는 사람'이 필요 없어질 것이기 때문이다. 그가 남긴 말은 앞서 하남 도서관에서 강연장을 박차고 나가셨던 어르신의 질책에 대한 씁쓸한 답변이다. "이 시대에 어떤 인간에게 물고기 잡는 법을 가르치는 것은 실업자 어부를 양산하거나, 기껏해야 이미 경쟁이 포화 상태인 곳에 경쟁력 없는 초보 어부 한 명을 추가하는 것에 불과하다."

노동에 대해 비판적 입장을 취했지만, 그렇다고 일자리보장은 '일을 하는 것'이고 기본소득은 '일을 안 하는 것'이구나 라고 여기면 곤란하다. 기본소득은 일이 점점 줄어들 환경에서 미래를 설계하는 구상이다. 당장 일을 하지 않는 세상이 펼쳐질 것이라는 생각이 아니다. 기본소득 지급이 임금 노동을 줄일 수는 있겠지만 당장은 일을 유지하는 사람이 대부분일 것이다. 기본소득이 일자리보장을 반대하는 이유는 그것이 사람과 일의 관계에 대한 가장 관료주의적인 해결 방식이기 때문이다. 기본소득은 일을 할지 말지, 많이 할지 적게 할지, 어떤 일을 할지를 개인이 결정한다. 일자리보장은 어떤 일을 어떻게 얼마나 할지 일자리보장 당국이 결정한다. 이와 관련해서 2011년도에 일어난 월스트리트 점령 시위Occupy Wall Street에 적극 참여하며 그 슬로건인 "우리가 99퍼센트다We are the 99%"라는 말을 함께 만든 인류학자 데이비드 그레이버David Graeber의 말은 교훈적이다. "내 생각에 일자리보장과 보편적 기본소득의 차이는 노동을 어떻게 할당할 것인지 누가 결정하는가에 있다."[20]

5

소득 불평등인가 자산 불평등인가

기본소득보다 기초자산인가

기본소득은 작은 액수로부터 시작할 가능성이 크다. 기본소득에 대한 사회적 합의 수준이 높아지고 재원이 확대된다면 액수가 점점 늘어날 수 있을 것이다. 기본소득의 지급 수준이 한 사람의 기본적인 욕구 실현에 충분한 액수라면, 예를 들어 빈곤선Poverty threshold[21]이상일 때 그것을 '충분한 기본소득 혹은 완전기본소득full basic income'[22]이라 부른다. 2022년 기준으로 볼 때 그 액수는 1인당 월 97만 원이다. 모든 기본소득 운동가들은 이 완전기본소득을 목표로 한다. 하지만 이러한 수준의 기본소득을 당장에 실현할 수 있다고 생각하는 사람은 없으며, 그보다 '불충분한 기본소득 혹은 부분기본소득partial basic income'으로부터 출발해야 한다고 주장한다. 특히 정치권에서는 그보다도 현저하게 낮은 금액부터 시작하려 한다.

그래서 의아하다. 겨우 월 몇십만 원 혹은 몇만 원 정도로, 과연 극심한 소득 불평등을 완화할 수 있을 것인가? 이정도 금액으로는 턱도 없다는 생각이 든다. 게다가 불평등을 체감하는 많은 사람들은 소득의 격차도 문제지만 자산에서 이미 크게 벌어진 격차가 더 문제라고 생각한다. 자산 불평등이 심각하다는 것을 최근에 우리나라 사람들에게 확증해 준 것은 문재인 정부에서 폭등한 부동산 가격이다. 수도권과 대도시를 중심으로 한 부동산 가격 폭등에 사람들은 할 말을 잃었다. 뭉칫돈을 부동산에 굴릴 능력이 없는 청년들은, 속된 말로 한 방에 큰돈을 '땡겨야' 한다는 절박함을 느끼면서 코인 열풍에 합류했다. 과연 소득 불평등이 문제일까 자산 불평등이 문제일까?

우리 시대의 자산 불평등

소득 불평등이 생기는 원인에 대한 다양한 의견이 있다. 누구는 능력의 차이 때문이라고 하고, 누구는 교육 수준의 차이 때문이라고도 한다. 하지만 가면 갈수록 능력과 교육 수준의 차이마저 부모의 재산과 성장 환경의 차이에 기인한 것으로 받아들여지고 있다. 재산의 차이가 교육의 차이를 낳고, 없던 능력의 차이도 만들어 내기 때문이다. 그래서 대한민국 헌법 제31조의 1항 "모든 국민은 능력에 따라 균등하게 교육을 받을 권리를 가진다."라는 표현에서 '능력에 따라'라는 표현을 의미심장하게 여기는 사람이 늘어나고 있다. 능력이 단지 '다른different' 능력을 말하고 있다면 아무 문제가 없을 것이다. 하지만 현실에서 능력은 '수준 차이'가 있는 것으로 평가된다. 따라서 위 조문에 대한 우려가 제기된다. '균등하게'라는 표현이 있긴 하지만 능력의 차이가 발생하는 원인을 묻지 않은 상태에서 '능력에 따른 교육'을 정당화하는 문구가 될 수도 있기 때문이다. 많은 사람들은 부모의 재산의 차이가 교육 수준의 차이를 낳고 그것이 능력의 차이라는 환상을 만들어 소득 차이가 대물림되는 것이 현실에 존재하는 인과관계라고 생각한다.

문재인 대통령은 취임사에서 "기회는 평등할 것입니다. 과정은 공정할 것입니다. 결과는 정의로울 것입니다."라는 유명한 말을 남겼다. 하지만 국민권익위원회가 2020년에 실시한 국민 설문 조사에 따르면 '개천에서 용이 날 수 있는가'라는 질문에 긍정적으로 답한 사람은 11.7퍼센트에 불과하고 56.6퍼센트는 불가능하다고 답했다. 즉, 많은 국민들이 기회 자체가 평등하지 않다고 보는 것이다. 그 불평등의 근원은 '금수저·흙수저'라는 신분 차원으로까지 격상된 자산·소득의 차이다. 이제 많은 이들은 자산 차이가 교육이라는 매개를 거쳐 소득 차이를 낳는 것을 넘어 아예 직접적으로 소득 차이로 귀결된다고 생각한다. 초등학생의 꿈이 '조물주 위에 건물주'라는 자조적 유머가 생기고 사모펀드와 LH 투기가 나라를 뒤흔드는 상황은 그 증거일 것이다.

이런 자산 불평등 현상은 우리나라에서만 목격되는 게 아니다. 얼마 전 '세계 불평등 연구소World Inequality Lab'가 펴낸 《세계불평등 보고서 2022》에 따르면 세계 상위 1퍼센트는 전 세계 자산의 37.8퍼센트, 상위 10퍼센트는 자산의 75.5퍼센트를 차지한 것으로 나타났다. 상위 10퍼센트의 평균 자산은 약 7억 3000만 원인 것에 비해 하위 50퍼센트의 평균 자산은 386만 원으로 약 190배의 자산 차이를 보였다. 한국도 예외는 아니었다. 한국 상위 1퍼센트는 한국 자산의 25.4퍼센트, 상위 10퍼센트는 58.5퍼센트를 차지한 것으로 나타나, 상위 10퍼센트의 평균 자산은 하위 50퍼센트의 평균 자산보다 약 52배가 많았다. 한국 상위 10퍼센트의 소득 평균은 하위 50퍼센트 소득 평균의 14배를 기록했다. 14배조차 이미 엄청난 차이지만 자산 불평등은 이보다 훨씬 큰 것이다.

자산 불평등 해소 방법으로서의 기초자산제

기본소득이 소득 재분배를 통해 소득 불평등을 완화한다면 자산 재분배를 통해 자산 불평등을 완화하는 방법은 없을까? 이 아이디어 중 하나로 제시된 것이 기초자산(기본자산, Basic endowment, Basic capital)이다. 1796년, 저서 《토지정의Agrarian Justice》로 기본소득 아이디어를 제시했던 토마스 페인은 놀랍게도 같은 책에서 기초자산을 처음 제안했다. 그는 상속세로 재원을 조성하여 50살이 넘은 모든 국민에게는 매년 10파운드씩 지급하자고 제안한 동시에, 21살이 되는 모든 국민에게 15파운드를 일시에 지급할 것을 제안했다. 전자는 노인 기본소득이고 후자는 청년 기초자산이다. 15파운드는 당시 기준 연간 농업 수입의 절반 정도에 해당하는 돈이다.

현대에는 미국 예일대학교 로스쿨의 저명한 교수인 브루스 애커먼Bruce Ackerman과 앤 앨스톳Anne Alstott이 주장한 '사회적 지분급여stakeholder grant'가 그 아이디어를 이어갔다. 프랑스의 경제학자 토마 피케티Thomas Piketty 역시 2019년에 《자본과 이데올로기》에서 '보편자본universal capital endowment'이란 이름으로 기초자산을 주장했다. 그는 2013년에 발간한 저서 《21세기 자본》에서 자본의 수익률(r)이 경제 성장률(g)보다 높기 때문에 불평등이 눈덩이처럼 불어난다는 이른바 'r>g' 공식을 제시한 바 있다. 이 주장은 신드롬을 일으키며 성장 대신 분배를 경제학의 중심부로 진입시켰다. 그의 인기에 힘입어 그가 주장한 기초자산은 일약 세계적으로 유명해졌다. 구체적으로 피케티는 만 25세 청년에게 유럽 성인 평균 자산의 60퍼센트에 해당하는 12만 유로(1억 6000만 원)를 기초자산으로 주자고 제안했다. 재원은 소득세, 자산세, 상속세에 90퍼센트 가까운 세율을 적용하는 등 누진세를 대폭 강화하고 통일된 글로벌 자본세[23]를 도입하자는 것이다.

기초자산은 기본소득과 정기성 원칙이 결정적으로 다르다. 주, 월, 연 단위로 정기적인 소득액을 지급하는 기본소득과는 달리, 기초자산은 성인 초기에 일회성으로 목돈을 지급하는 정책이다. 기초자산이 추구하는 핵심 목표는 기회의 평등, 자산 재분배고, 청년이 사회에 첫발을 내디딜 때 출발선을 같게 하는 것에 관심이 있다. 부자 부모를 만난 청년이 '가족으로부터의 상속'을 받는다면, 기초자산은 사회에 속한 모든 청년이 '사회적 상속social inheritance'을 받는 것이다. 요컨대 '부모 찬스'가 아닌 '사회 찬스'다. 그 취지에 맞게 기초자산은 보통 상속세, 증여세, 부유세 등을 그 재원으로 주장하고 있다.

우리나라에서 기초자산이 정치적 공약으로 제시된 것은 2017년 대선 때 정의당의 심상정 후보가 제시한 '청년사회상속제'다. 청년사회상속제는 2020년 총선에서 '청년기초자산제'로 발전해 정의당 총선 1호 공약으로 격상했다. 2022년 대선에서도 심상정 후보는 청년기초자산제를 주요 청년 공약으로 제시했다. 최근에는 몇몇 정치인들이 이를 모방하여 발표하기도 했다. 청년기초자산제는 만 20세가 되는 청년 모두에게 3000만 원(양육 시설 퇴소자 등은 자립정착금 2000만 원을 포함하여 총 5000만 원)을 일시금으로 주는 정책이다. 재원은 상속세, 증여세, 종합부동산세 강화, 부유세 신설, 중복 청년 사업 예산 통합 및 조정 등으로 하고 있다. 정의당은 2020년 총선에서 이 정책의 도입 취지로 "현재의 불평등 수준이 매우 심각하고 이로 인해 '세습 자본주의'적 성격이 강화되고 있으므로, 금수저, 은수저가 아닌 흙수저에게도 자산을 지원함으로써 기회의 평등을 제고할 필요가 있다"고 말했다.

기초자산제의 내적 결함

결국 소득 불평등의 원인이 자산 불평등이라면 이를 해결하기 위한 방안으로 기본소득보다 기초자산이 더 필요한 건 아닐까? 이런 생각대로라면 소득 재분배는 마치 '결과'만을 시정하는 것처럼 보이고 자산 재분배는 '원인'을 제거하는 것처럼 보인다. 그렇다면 원인의 제거가 더 근본적인 해결책처럼 다가올 것이다. 물론 소득 불평등만이 아니라 자산 불평등을 해소할 대책이 필요하기도 하고, 기초자산이라는 명칭은 그 자체로 '자산 불평등 해소가 중요하다'고 알리는 효과가 있다. 하지만 그 방법이 기초자산 지급이라는 것엔 동의하기 어렵다. 애초에 기본소득은 소득 불평등 해법이고 기초자산은 자산 불평등 해법이라는 것은 언어적 유희에 불과하다. 기초자산 지급액이 3000만 원이건 5000만 원이건, 1억 6000만 원이건 그것은 더 큰 목돈의 '소득'인 것이지 어떤 의미에서도 '자산'은 아니기 때문이다.

자산(재산)은 소득이 축적된 것을 말한다. 기본소득도 모으면 자산이 될 수 있다. 기초자산은 기본소득보다 자산으로의 즉시 전환 가능성이 클 뿐 꼭 자산으로 축적되리라는 보장은 전혀 없다. 1억이 갑자기 생겼다고 해 보자. 5년 뒤 이것을 계속 가지고 있는 사람이 몇 퍼센트나 될까? 사실상 기본소득과 기초자산의 차이는 적금과 예금의 차이에 불과하다.

기초자산과 기본소득의 소득보장 계획 비교

<table>
<tr><th>연령</th><th>기초자산 안</th><th>기본소득 안</th></tr>
<tr><td>0~19</td><td>아동수당</td><td>기본소득</td></tr>
<tr><td>20</td><td>기초자산</td><td rowspan="2">기본소득</td></tr>
<tr><td>21~64</td><td>-</td></tr>
<tr><td>65~</td><td>기초연금</td><td>기본소득</td></tr>
</table>

따라서 30만 원은 푼돈, 3000만 원은 목돈이라고 말하기에 앞서 두 액수를 객관적으로 비교해 볼 필요가 있다. 어느 쪽이 큰돈일까? 사회 보험금이나 다른 선별 지급 정책을 논외로 하고 순수하게 기초자산의 소득 보장 계획과 기본소득의 소득 보장 계획만을 단적으로 비교해 보면 다음과 같다.

비교를 위해 다음과 같이 가정해 보자. 만 0~19세의 아동수당과 기본소득은 이름만 다를 뿐 액수는 같고, 노령 기초연금도 수급 자격을 나누지 않고 모두에게 온전히 지급되는 것으로 바꿔 노인 기본소득과 설계도 금액도 같다. 그렇다면 만 20~64세까지 정기적으로 매월 30만 원씩 지급되는 기본소득을 만 20세에 일시금으로 받는다면 얼마에 해당할까? 월 30만 원씩 비과세 적금을 들고 이자율은 1퍼센트 복리로 계산하면 45년 후 원금은 1억 6200만 원에 이자는 4265만 7000원이 되어 총액 2억 465만 7000원이 된다. 이 돈을 20세에 일시금으로 받는다면 약 1억4100만 원에 해당한다. 쉽게 말해 45년간 월 30만 원씩 지급되는 기본소득을 포기하고 만 20세에 목돈으로 받으면 1억 4100만 원은 받아야 한다는 것이다. 이에 비해 3000만 원은 매우 적은 돈이며 피케티가 제시한 액수가 훨씬 그에 근접한다고 볼 수 있다. 월 30만 원이 작아 보이지만 평생 받는다면 사실은 상당히 큰돈인 것이다.

거꾸로 만 20세의 3000만 원 목돈을 45년간 기본소득으로 받는다면 월 얼마에 해당할까? 월 6만 9000원 정도에 해당한다. 쉽게 말해 만 20세에 받는 3000만 원은 45년간 받는 월 6만 9000원과 같다는 얘기이다. 결론적으로 월 30만 원이 일시금 3000만 원보다 훨씬 큰돈이다. 사실 이것은 예산으로 따져보면 너무 당연한 말이다. 2020년 한국의 20~64세 인구 3335만 9625명에게 월 30만 원의 기본소득을 지급한다면 연간 예산은 약 120조 원 정도가 소요되는 반면에, 만 20세에게 3000만 원을 준다면 2000년 출생자 63만여 명이 2020년에 다 살아있다 하더라도 19조 원밖에 소요되지 않는다. 심지어 청년기초자산제는 2021~2025년의 5년간 평균 48만 명 대상 14.5조 원이 소요될 것이라 계산한다. 재원이 크면 그만큼 소득 재분배 효과가 큰 것이고 재원이 작을수록 소득 재분배 효과도 작은 것은 상식이다. 기초자산은 재원이 적기 때문에 쉽게 정책 도입이 가능할지 모르지만, 그만큼 세상을 바꾸는 힘도 적다.

소득 불평등 해소 효과가 그렇다면 자산 불평등 해소 효과는 어떨까? 3000만 원이 30만 원보다 크니까 자산 불평등 해소 효과가 크다고 말할 사람은 더 이상 없을 것이다. 나눠서 줄 돈을 목돈으로 주었다고 자산 불평등이 완화되는 게 아니다. 기본소득 혹은 기초자산의 재원을 형성함에 있어 보유 자산 혹은 자산에서 유래하는 자산 소득에 높은 세율을 적용해 자산의 소득 발생 능력을 제한하는 것만으로도 자산 불평등은 상당히 완화된다. 기초자산의 재원 14.5조 원을 전부 자산 보유세 및 상속·증여세, 배당·이자·임대 등 자산 소득에 대한 과세로만 충당한다고 가정해도, 기본소득 재원 120조 원 중 15조 원 이상의 재원이 자산 과세에서 나온다면 기본소득의 자산 불평등 해소 효과가 더 크다. 실제로 기본소득은 토지 보유세 등 자산 과세에서 많은 재원을 끌어오게끔 설계되어 있다. 보유세가 영구적이라면 그것은 자산의 수익률, 즉 그것이 낳는 미래 현금 흐름의 현재가치를 낮춤으로써 자산의 가치를 즉각적으로 떨어뜨릴 것이다.

전통적인 사회주의자들은 자산 불평등을 해소하기 위해 사적 소유를 폐지하고 국유화해야 한다고 생각해 왔다. 국유화라는 표현 대신 '전인민적 소유'와 같은 거창한 말들을 갖다 붙여도, 그 국유화된 재산에 관련된 고위 관료나 이해당사자들이 사실상 그 재산의 소유자로 기능했음을 역사는 보여 주고 있다. '국가 사회주의' 체제의 이러한 문제점을 잘 알고 있는 피케티는 '참여 사회주의'를 주장하면서 그 중심에 기초자산의 분배를 놓고 있다. 하지만 이는 매우 공상적인 생각이다. 1억 6000만 원이 일시적으로 탕진되지 않고 청년들에게 '자산'으로 남아있다 하더라도 이것은 소자본의 확산에 불과하다. 시간이 흐를수록 다수의 개별 소자본들은 격렬한 경쟁에 놓이게 되고[24] 분산된 소자본은 결국 자본주의 시장의 힘에 의해 극소수의 수중에 집적集積, 집중될 것이다. 그것이 자본주의의 법칙이다. 따라서 기초자산의 방법은 피케티의 주장처럼 꽤 큰 액수가 된다 하더라도 자산 불평등 문제를 전혀 해결할 수 없다.

둘째, '보편성'의 문제가 있다. 기본소득은 동일한 액수가 사회 구성원 모두에게 지급된다. 하지만 기초자산은 만 20세에게만 지급된다. '청년' 기초자산이라 명명된 제도이니 장년과 노년은 불만을 표하지 않을 수도 있다. 만 19세 청년 역시 이듬해에 받을 것이니 불만이 없을 것이다. 그러나 만 21세 청년은 정말 억울할 것이다. 이에 근접하게 연령이 초과한 청년들도 마찬가지다. 이 점을 잘 아는 정의당도 2020년 총선에 1호 공약으로 발표할 때에는 "그 전 세대에 모두 혜택을 주면 정부 재정이 감당하기 어려워", "청년들과 대화를 통해 제도 시행 이전 세대에도 단계적인 보완 대책을 적극 검토"하겠다고 말한 바 있다. 2022년 대선을 앞두고 그 "보완 대책"이 나왔다.

"형평성을 고려해서 기초자산을 받지 못하는 21세부터 29세 청년들의 경우 매년 300만 원씩 20대가 끝날 때까지 한시적으로 기초자산을 지급하겠다." 즉 기초자산 제도 시행 시에 만 21세인 청년은 매년 300만 원씩 9년간 2700만 원을, 만 29세인 청년은 단 한 번 300만 원을 받는다는 얘기다. 기초자산 수급에서 제외되는 청년을 위한 나름의 자구책임을 이해하지 못하는 것은 아니지만 이 제도가 가진 근본적인 문제를 해결하기에는 역부족으로 보인다. 만 29세는 왜 자신이 만 28세보다 300만 원을 덜 받는지 납득하기 어려울 것이다. 더 큰 문제는 제도를 시행할 때 30세인 사람들이다. 이들은 '청년'이 아닌가? 그 청년이 실업 상태에 있거나 취업 준비 상태에 있다면 그 박탈감은 훨씬 클 것이다. 부모 입장에서 생각해 보자. 자식이 31세, 33세 두 명이 있는 부모라면 이 제도

시행에 반감을 크게 가질 가능성이 높다. 자식이 없다면 더 말할 것이 없다. 찬성하지 않을 인구 비율이 높으면 정치적 실현 가능성이 어두운 정책이다.

셋째, 기초자산은 일시의 목돈 지급이므로 탕진 가능성에 노출된다. 물론 주식 투자를 했다고 하여 탕진이라 말할 수는 없다. 생산적이지 않은 방법으로 혹은 비윤리적인 방법으로 탕진을 했다 하더라도, 그 탕진이 그의 자유의사에 따른 것이었다면 문제 삼을 수 없다. 기본소득도 당연히 탕진할 수 있다. 하지만 기본소득은 정기적으로 평생 지급되기 때문에, 인생의 어느 시점에 혹은 어느 시점까지 모두를 탕진하더라도 기본적인 수준의 삶은 계속 영위할 수 있다. 잘못된 선택을 몇 번 했다 하더라도 기본소득은 삶의 최저선 이하로 떨어지지 않을 평생의 '사회안전망'으로 기능하는 것이다. 하지만 기초자산을 탕진한다면 한순간, 그것도 만 20세의 젊은 나이에 내린 선택으로 64세에 이르는 순간까지 거친 시장에서의 노동에 시달리고 그 부산물인 사회 보험 이외에 어떤 사회안전망도 없는 상태에 놓일 수 있다.

> "무조건적으로 일생에 걸쳐 기본적인 경제 안정을 보장한다면, 젊은 날의 자유 때문에 평생의 자유가 위협받는 일을 막을 수 있게 된다."[25]

이 점을 기초자산의 주창자들도 느낄 것이다. 그래서 2020년 버전의 청년기초자산제는 2017년 버전의 청년사회상속제에서 없었던 사용처 제한이 등장했다. 청년기초자산은 주거 비용, 창업 비용 및 취업 준비금, 학자금으로 사용이 제한된다. 사용처 제한은 일회성 목돈으로서의 기초자산이 수급자의 잘못된 선택으로 인해 현명하게 사용되지 못하거나 탕진될 위험성이 있는 것에 대한 우려를 불식시키기 위한 대응으로 보인다. 주거와 직업, 학업 등이 우리나라 청년이 직면한 가장 큰 어려움이라는 점에서 대응의 방향은 나쁘지 않다. 그러나 이로 인해 '무조건성' 원칙이 훼손되었고 무엇보다 사용처 제한이 등장했다는 것 자체가 기초자산제의 내적 결함을 보여 주는 것이다.

> "기본소득 제도와 그와 '동일한 액수의' 기본재산 제도 사이에서 선택을 해야 한다면, 만인의 자유를 사명으로 여기는 사람들은 주저 없이 기본소득 제도를 선택할 것이다."[26]

넷째, 요새는 하는 사람이 많이 줄었지만 '계'라는 제도의 존재는 그 자체로 푼돈보다 목돈이 가치 있음을 잘 보여 주는 예다. 목돈은 특히 청년에게 의미가 크다. 만 20세에 만약 1억 원이 생긴다면 월세 보증금, 대학 등록금이나 유학비,

취업 준비를 위한 학원비 등 요긴하게 쓸 곳은 많다. 하지만 그 1억의 화폐 가치는 사람마다 다를 것이다. 같은 금액의 돈이라 하더라도 그 돈을 받은 사람의 교육 정도, 지적 배경, 부모의 관심, 사회적 네트워크, 출신 가정의 경제력에 따라 같은 금액임에도 사회적 가치가 달라진다. 또한 기초자산을 통해 '기회의 평등'을 부여해도 궁극적으로는 개인의 자산 관리 능력에 따라 더 큰 불평등으로 이어질 위험이 있다. 부유한 환경에 있는 청년은 그 1억을 자기가 이미 가진 자산에 더하여 더 큰 자산으로 불릴 가능성이 크다. 가난한 환경의 청년은 이미 말했듯 등록금, 유학비 등으로 다 써버리게 된다. 유용하게 사용했지만 1억의 자산이 그에겐 '자산'이 아닌 것이다.

기본소득은 거꾸로 작용한다. 월 30만 원이 부자 청년에게는 아무 돈도 아니다. 그냥 외식이나 술값 한 번으로 소진할 수 있는 돈이다. 하지만 가난한 청년에게는, 아니 청년뿐 아니라 가난한 모든 사람에게 그것은 생과 사, 건강과 질병을 가르는 경계선을 넘어설 소중한 돈이다. 월 30만 원의 가치가 사람에 따라 이렇게 다른 것이다. 더구나 월 97만 원의 완전 기본소득이 실현된다면 역시 부자 청년에게는 명품 살 돈도 안 되겠지만, 보통의 청년에게는 삶의 현재와 미래를 바꿀 큰 돈이 매월 생기는 격이다.

다섯째, 앞서 말했듯이 우리나라 청년에게 먹는 것을

제외하고 주거와 창업 및 취업, 그리고 학업에 들어가는 돈은 가장 긴요하게 필요한 비용이라 할 수 있다. 하지만 잘 생각해 보면 이것은 기초자산으로 해결될 문제가 아니다. 주거 비용은 청년 임대 주택과 같은 부동산 정책으로 해결되어야 한다. 창업 및 취업도 일자리 창출과 각종 창업 및 취업 지원 사업이 절실한 영역이다. 학자금은 어떤가? 3000만 원을 줄 테니 학비로 쓰라는 것이 적절한 대책인가? 장학금을 확대하고 무상 교육을 확대하는 방안이 옳지 않은가?

청년기초자산제는 기초자산이란 이름 아래 소득지원책과 사회서비스 강화를 뒤섞어버린다. 사회서비스 강화로 해결해야 할 지점의 의제에 대해, 청년에게 일정한 목돈을 쥐여주고 시장의 경쟁을 혼자의 힘으로 돌파해 나가라고 외치는 셈이다. 더 나아가 그 돈을 종잣돈으로 해서 너의 '자산'을 형성해야 한다고 가르친다. 각자의 자산을 형성할 '기초'자산이니까 말이다. 기초자산으로 지급한 돈은 이러저러한 경로, 특히 주식과 코인 같은 금융 시장을 통해서 결국 시장 권력자의 손아귀로 다시 모일 것이다.

자산 불평등을 해결할 방법은 없을까

정의당의 3000만 원이건, 피케티의 1억 6000만 원이건 탕진하거나 소비하지 않은 채 잘 가지고 있다 하더라도 일부 부유층을 제외한 대부분의 청년에게는 고만고만한 목돈일 뿐이다. 의미 있는 자산으로 바뀔 가능성은 거의 없다. 이미 어마어마한 자산의 격차는 '분산된 개인이 분산해서 소유한 화폐의 힘'으로 어찌할 수 없는 것이다. 그럼 자산 불평등을 완화할 방법으로 어떤 것이 있을까? 일단 앞서 말한 자산 및 자산소득에 대한 과세 강화가 있을 것이다. 다른 방법으로 기본소득 지지자들은 '공유지분권'과 '공동자산(커먼스commons) 기금'의 방법을 고려한다.

공유지분권은 노벨 경제학상 수상자인 영국의 제임스 미드James Meade가 제안한 것이다. 그는 기업이 가진 사회 전체의 주식 50퍼센트를 국가가 소유하되 국가는 경영권을 행사하지 않고 배당권만 행사하는 방법을 구상했다. 국민 모두가 '공동으로' 기업의 '우선주'를 50퍼센트씩 보유하는 셈인데, 그 보유 지분에 의거해 사회 전체 기업 배당액의 50퍼센트를 기본소득으로 지급한다는 것이다. 그는 그것을 '사회 배당Social Dividend'이라고 불렀다. 기업의 주식을 소유한 주주가 '사적' 배당을 받듯이, 사회 구성원 전체가 공동으로 기업의 주식 지분을 가지고 공동으로 '사회적' 배당을 받는다는 의미인 것이다.

기업 주식 50퍼센트를 국가에 법적으로 배당한다는 것은 쉽게 수긍이 어려울 것이다. 하지만 기업의 수익이 기업의 능력에 의한 것만이 아니라, 기업 활동이 이루어지는 사회 인프라와 환경의 터전 위에서 가능한 것임을 생각해 보자. 그 기업 활동의 결과인 이윤에 대해 사회가 배당권을 가진다는 생각은 그렇게 무리한 것이 아니다. 제임스 미드의 '공유지분권' 아이디어를 좀 더 실질적인 근거를 가진 것으로 수정해 보자. 예를 들어 그린 뉴딜이나 디지털 뉴딜의 과정에서 연구개발비 등으로 국가가 기업에 지원해 주는 공적 자금의 액수를 기업의 지분으로 전환하는 것이다. 이 공적 자금은 말 그대로 국민이 낸 세금이므로 그 액수만큼 국민의 집합적인 지분이 되는 게 당연하다. 예컨대 지원받은 기업의 주식 시가 총액이 800억 원이라 할 때 200억 원의 공적 자금을 투입했다면 그 회사의 지분 20퍼센트를 우선주로 국민에게 내놓는 것이다.

'IMF 위기' 때 국민들은 국가의 외채를 갚기 위해 반지와 목걸이를 내놓았다. 그뿐이 아니다. 공적 자금이 막대하게 투입되어 수많은 대기업을 회생시키거나 인수·합병하는데 쓰였다. 그렇게 해서 살아난 기업들은 국민에게 무엇을 돌려주었나. 미미한 고용 창출 기능 외에는 갚은 것이 없다. '손실의 사회화, 이익의 사유화'란 말이 있듯이, 어려울 때는 국민의 세금으로 지원받고 이익을 내면 경영진의 월급과 보너스, 주주들의 배당액을 올려 자신의 잇속만을 차리는 것을 국민들은 목격해 왔다. 그 과정에서 자연스럽게 재벌과 대기업에 대한 반감이 늘었다. 만약 '공유지분권' 제도가 시행된다면 국민 경제에 중요한 역할을 하는 기업을 살리는 데에 국민의 돈을 쓰고 그 기업이 살아나 이익을 내면 국민에게 '사회 배당'을 하게 되므로, 국민들은 그 기업에 '진심'이 될 것이다. 자신이 그 기업의 실질적 주인이기 때문이다.

'커먼스 기금'은 사회 구성원 모두에게 속한 집단적 부, 공동자산에 대해 사회 구성원 모두가 정당한 몫을 함께 나누어야 한다는 정신에 기초한다. 이에 커먼스 기금을 조성하여 그것을 재원으로 기본소득 배당을 하자는 개념이다. '모두의 몫을 모두에게' 지급하는 것이다. 자연자원, 지식 재산, 빅데이터, 금융 인프라, 주파수 등이 모두 커먼스이므로 그 커먼스로 수익을 내는 기업에 부담금levy을 물려 그것을 기금화할 수 있다는 것이다. 커먼스 기금에 가장 유사한 것으로는 앞에서 살펴봤던 알래스카 영구기금을 들 수 있다. 현재 60여 개 이상의 나라에 있는 '국부 펀드'도 국민에게 배당을 하기 시작한다면 이러한 커먼스 기금의 하나로 여겨질 것이다.

> "근본적으로 기본소득은 사회 정의의 문제이다. 우리의 부와 소득은 우리 자신이 하는 어떤 것보다 우리 공동의 선조들이 했던 노력 및 성취와 훨씬 더 많이 관련되어 있다. 우리가 사

적 상속을 허용한다면 사회적 상속도 받아들여야 하며, 기본소득을 우리의 집단적 부에 근거한 사회 배당으로 간주해야 한다."[27]

이렇게 공유지분권 혹은 커먼스 기금을 통해 기본소득을 지급하게 되면 여러 가지 장점이 있다. 첫째, 조세 외에도 기본소득의 안정적 재원이 확보된다. 둘째, 민간 자본의 비중이 줄어들고 기업 내 공공 자본의 비중이 늘어남으로써 자산 불평등이 구조적으로 완화될 것이다. 공유지분권과 커먼스 기금을 통한 기본소득은 기초자산과 같은 '분산된 개인 자산' 설계보다 사회적 이상에도 훨씬 적합한 방안일 것이다.

기본소득과 기초자산은 양립 불가한가

기초자산이 기본소득에 비해 여러 결함을 가지고 있는 것은 분명하지만, 소득과 자산의 불평등 해소가 시대적인 과제라는 점에 둘의 생각은 같다. 그렇다면 기초자산과 기본소득은 양립할 수 없는가? 기초자산은 틀렸고 기본소득만이 정답인가? 세계 정치의 현주소를 들여다보면 답을 찾을 수 있다.

피케티의 말처럼 사적 소유권을 사회 안정에 있어 필수불가결의 요소로 신성시하는 '소유자 사회'에선 신분이 아니라 부가 세습되고 자본가가 영웅이 된다. 게다가 그 불평등 체제는 고학력 '브라만 좌파'와 '상인 우파'라는 '다중 엘리트 연합'이 '적대적 공생관계'를 유지하며 정치를 장악함으로써 고착화하고 강화된다. 피케티는 저서에서 이렇게 말한다.

> "전후 계급주의 유형의 좌우 정당 체계가 고학력자들을 빨아들이는 '브라만 좌파(Brahmin Left)'와 상위소득 및 자산을 빨아들이는 '상인 우파(Merchant Right)'로 구성된 '다중 엘리트 체계'로 점차 대체되고 있다 ...... '브라만 좌파'는 친재분배와 친시장 분파 사이에서 갈팡질팡한다. '상인우파'는 민족주의적이고 사회 토착주의적인 노선을 따르는 분파(극우파-김찬휘 주)와 친기업 및 친시장을 견지하려는 분파 사이에서 역시 갈팡질팡한다."[28]

과거 노동자와 서민의 정당이었던 유럽의 사회당, 사회민주당, 노동당, 그리고 미국의 민주당 등이 고학력·고소득의 중상층 정당으로 변모하고, 전통적으로 자산 보유자들의 세력인 보수당, 공화당 등 중도 우파 정당이 극우 민족주의 세력의 발호 이후 그 눈치를 보면서 오히려 가난한 사람들을 유인하는 정당 정치 현실은 유럽과 미국만의 모습이 아니다. 우리나라 현실에도 쉽게 브라만 좌파, 상인 우파, 사회 토착주의 분파에 각각의 정치 세력을 대입시켜 볼 수 있을 것이다. 피케티는 특히 좌파 정당이 불평등 체제를 혁신하려는 노력을 기울이지 않은 탓에 불평등에 분노한 대중의 불만이 선동적인 극우 세력으로 몰려가고 있다고 비판한다. 우리나라에서 국민혁명당 허경영 후보의 지지가 높아지는 것도 이와 비슷한 맥락이다.

촛불혁명 세력을 자처하는 정당과 촛불혁명으로 탄핵을 당했던 정당이 '적대적 공생관계'를 형성하여 기득권 체제가 공고화되는 이 시점에 기본소득과 기초자산은 그 차이점만을 부각해 서로를 배제할 수 없다. 두 제도는 세부적으로는 다르지만 소득·자산 불평등 체제를 혁파하고자 하며 방법은 다르지만 소득·자산의 재분배를 목적으로 한다. 특히 일자리를 중심으로 한 사회적 계획이 제대로 작동하지 않고, 생산 과정 내부에서 '잉여 가치'에 대한 수취가 발생했던 산업 자본주의 시대[29]와는 달리 생산 체계 외부에서 '지대地代' 수취가 대규모로 발생하는 금융 자본주의 및 플랫폼 자본주의 시대에는 일자리를 늘리는 것만으로는 불평등이 해소되지 않는다. '경제학적 지대'를 과세 등을 통해 다시 전유하고 소득 보장의 방식으로 원래의 주인에게 나눠주어야 한다.

기초자산 설계의 정치적 난점으로 인해 기초자산은 액수가 크면 클수록 실행이 어려울 것이다. 3000만 원은 어찌어찌 가능할 수 있겠으나 피케티가 제시하는 1억 6000만 원은 실행이 쉽지 않다. 기초자산의 액수에 따른 불평등 해소 효과와 정책 실현 가능성은 반비례한다. 그럼 어떻게 하는 것이 좋을까? 기초자산은 작은 액수라 하더라도 기본소득과 함께 실행한다면 세대 간 갈등도 피하고 그 효능감이 극대화될 것이다. 기초자산의 탕진 문제도 20세 전과 20세 후의 기본소득이 쿠션 작용을 하여 사회적 충격을 완화해 줄 수 있을 것이다. "기본재산 제도가 의미 있는 수준의 기본소득이 지속가능하도록 재원을 위태롭게 하지 않을 정도의 크기이기만 하다면"[30] 기본소득과 기초자산 제도를 함께 시행할 수 있다.

다만 두 제도를 함께 시행하는 것으로도 청년이 겪는 어려움을 극복하기는 쉽지 않다. 미국의 보수 싱크 탱크인 '맨하탄인스티튜트The Manhattan Institute'는 2020년에 발간한 보고서 〈The Cost-of-thriving Index: Reevaluating the Prosperity of The American Family〉에서 경제가 호황이 되어도 일반 대중들의 체감 경기가 나아지지 않은 이유로 임금 수준의 상승이 주거, 의료, 교통, 대학 교육이라는 4대 가계 지출의 상승을 따라가지 못하기 때문이라고 평가했다. 1985~2018년 사이에 미국의 4대 지출 평균은 4.11배가 증가했는데 같은 기간에 중위 임금 수준은 2.46배 상승하는 데 그쳤다는 것이다.

이를 고려한다면 기본소득과 기초자산 등의 현금 지급 정책과 함께 주거, 의료, 교통, 통신, 교육 등 삶의 기본을 구성하는 요소들이 공공의 사회서비스로 제공될 수 있어야 한다.

6 정치권의 기본소득 논의

미래통합당의 기본소득 구상

2020년 6월 미래통합당 김종인 당시 비상대책위원장은 “보수가 지향하는 가치는 자유인데, ‘법 앞에 평등’ 같은 형식적 자유는 의미가 없다”라며 “실질적인 자유, 물질적 자유를 어떻게 극대화해야 하는지가 정치의 기본 목표”라고 주장했다. 그리고 그 실질적인 자유의 방안으로 기본소득을 주장함으로써 국민의힘표 기본소득의 막이 올랐다. 사실 김종인 위원장은 이미 2016년 서강대에서 제 16차 기본소득지구네트워크 대회가 열릴 때 개회식에 참여하여 기본소득을 옹호한 적이 있다. 다만 그때는 더불어민주당 비상대책위원회 대표였다는 점이 달랐을 뿐이다.

김종인 위원장의 주장은 미래통합당 내에서 별로 인기가 없었지만, 당의 경제혁신위원장이던 윤희숙 의원이 나서서 자신들만의 기본소득 구상을 발표했다. 하지만 그것은 ‘기본소득’이 아니었다. 이른바 ‘윤희숙 안’은 중위소득의 50퍼센트 미만에 있는 국민 610만 명(하위 11.8퍼센트)에게 지급하는 안이므로 일단 보편성 원칙을 전혀 충족하지 않았다. 2020년 기준으로 중위소득의 50퍼센트는 1인 가구 88만 원, 4인 가구 237만 원 등이므로 소득액이 그 미만인 사람에게만 지급하는 안을 기본소득이라 하는 것은 이해하기 어렵다. 국민의 11.8퍼센트만이 빈곤한 것도 아닌데, 그런 안을 들고나와

"빈곤 제로 시대를 열겠다"라고 호언하는 것은 우스꽝스러운 일이다.

지급 방식도 기본소득이 아니었다. 지급 방식은 중위소득 50퍼센트의 액수에 미달하는 액수를 채워주는 방식이었다. 즉, 1인 가구 88만 원을 기준으로 볼 때 70만 원을 번 사람은 18만 원, 40만 원을 번 사람은 48만 원, 소득이 0원인 사람은 88만 원을 주는 방식이다. 이것은 기초생활 수급자에게 생계급여를 주는 방식과 유사한 것으로서 그 기준액만을 약간 올린 것에 불과하다. 참고로 2020년 1인 가구 생계급여 기준금액은 52만 7158 원이었다. 약 35만 원의 기준액 변동인 셈이다. 경제학에서는 이런 제도를 부르는 이름이 따로 있는데, 바로 '최소 보장 소득Guaranteed minimum income'이다. 어떤 사람이건 최소 소득이 88만 원이 되게 만들어 준다는 의미이다.

윤희숙 안은 급조된 것임이 분명했다. 이 제도를 시행하면 1인 가구 기준 88만 원 미만의 소득을 얻는 사람 중 어느 누구도 80만 원이나 70만 원을 벌려는 사람이 없게 되기 때문이다. 이것은 근로 소득 0원으로 수렴하게 되는 제도다. 근로 소득이 0원이건 80만 원이건 총소득은 결국 88만 원이 되기 때문이다. 이것은 보수주의자들이 그토록 혐오하는 '근로 의욕을 감퇴'시키는 안인데, 이것을 보수 정당의 제1 정강 정책이라 말하는 것은 황당한 일이다.

재원 조달 방식은 '조삼모사'였다. 이미 사회적 약자들이 받던 복지 제도인 "생계급여(4조 3000억 원), 기초연금(13조 2000억 원), 근로장려금, 자녀장려금 등을 통폐합"하여 기본소득의 재원 "21조 원을 충당할 수 있다"라는 것이었다. 한마디로 저소득층 내 자체 조달안이다. 저소득층에게 A, B, C, D로 나누어서 주던 것을 하나의 E라고 부르면서 "빈곤 제로"를 만들겠다는 것은 낯뜨거운 계획이었다. 윤희숙 안은 몇 달 언론에 보도된 이후 종적을 감추었다. 그 배턴은 같은 미래통합당 소속으로서 9년 전 '무상 급식 주민 투표' 파동으로 서울시장을 사퇴한 오세훈 전 시장이 이어받았다.

안심소득은 안심을 줄 것인가

안심소득제는 성신여대 경제학과 교수 박기성, 김&장 법률사무소 전문위원 변양규 두 사람이 2017년에 발표한 〈안심소득제의 효과〉라는 논문에서 출발했다. 이들은 안심소득제가 기본소득제보다 예산이 덜 들면서도 소득 불평등 해소에는 더 큰 도움이 되는 우월한 제도라고 주장했다. 오세훈 전 시장은 2020년 6월 박기성 교수와 함께 유튜브 '오세훈 TV'에 나와 안심소득을 '우파 정권 재탈환의 최종병기'라 소개했다.

오세훈 후보는 2021년 서울시장 보궐선거 때 안심소득safety income system을 두고 "하후상박下厚上薄으로 어려운 사람일

안심소득의 설계(4인 가구 기준)

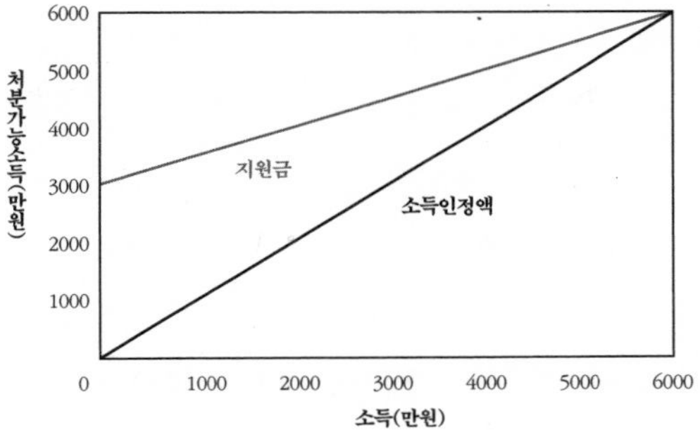

수록 많이 드리기 때문에 소득 양극화 개선에 가장 탁월한 효과가 있다"고 말하면서, 기본소득은 "가난한 분은 너무 적은 돈을 받아 고통받고, 부자는 굳이 안 받아도 되는 돈을 받게 된다"라고 비판했다. 3장에서 말했듯 허구적인 설명이다.

안심소득제는 앞에서 살펴본 밀턴 프리드먼의 '음의 소득세'를 한국에 적용한 것이다. 4인 가구 기준으로 볼 때 중위소득에 준하는 연 소득인정액 6000만 원 미만의 가구를 대상으로 현금을 지급하되, 지급액은 기준 소득(4인 가구 6000만 원) 미달액의 50퍼센트로 한다. 즉, 4인 가구 연 소득인정액이 4000만 원이면 미달액 2000만 원의 50퍼센트인 1000만 원이 지급되어 처분가능소득disposable income이 5000만 원이 된다.

윤희숙 안에 비해 기준 소득이 중위소득 50퍼센트에서 중위 소득 100퍼센트로 크게 높아졌고, 지급 방법은 미달액의 100 퍼센트가 아니고 50퍼센트 지급으로 바뀌었다. 밀턴 프리드먼의 원래 안이 50퍼센트 지급이었기 때문에 안심소득은 음의 소득세 원형에 보다 더 접근했다.[31]

재원은 국민 기초생활 보장 제도의 일곱 개 급여 중 생계급여, 주거급여, 자활급여, 그리고 국세청의 근로장려금과 자녀장려금을 폐지해 마련한다. 기준 소득 미만의 가구에는 현금을 지원하되 기준 소득을 상회하는 가구의 경우에는 현재의 소득세 제도를 유지한다. 즉, 증세하지 않는다. 여기서 의문이 생긴다. 재원 마련을 위해 통폐합되는 기존 복지 제도는 윤희숙 안과 크게 차이가 없는데, 기준 소득을 두 배 높게 잡아 수혜자를 대폭 늘린 안심소득제의 재원을 그것만으로 충당할 수 있을 것인가? 오세훈 시장의 얘기를 들어보자.

> "안심소득제를 시행하는 데 2023년 기준 53조 원이 필요할 것으로 추산된다 ...... 53조 원 중 11조 원은 원래 기초생활 보장 제도 일곱 가지 급여 중 세 가지(생계, 주거, 자활급여)를 폐지해 그 예산을 전용해 마련할 수 있다. 남는 42조 원은 앞으로 늘어나는 복지 예산에서 충당이 가능하다. 계산해보니 매년 30조 원 이상 복지 예산이 늘어나고 있다. 2023년에는 90조 원

이 늘어나 있는 셈이다. 이중 절반도 안 되는 돈을 안심소득제 재원으로 쓰면, 증세 없이도 충분히 시행이 가능하다."

-2020년 8월 24일, 이로운넷 인터뷰

3장에서 살펴봤듯이 다양한 음의 소득세 설계가 있겠지만 음의 소득세의 본질은 기준 소득을 넘어서는 계층으로부터 '양陽의 소득세'를 거둬서 기준 소득 미만의 계층에게로 '음陰의 소득세'의 형태로 소득을 이전한다는 것이다. 즉, 음의 소득세는 소득 재분배 기능이 탑재되어 있으며, 그것이 프리드먼의 원래 구상이다. 그런데 놀랍게도 그 한국적 변형인 안심소득제에는 음의 소득세 구간에 대한 언급은 있는데 양의 소득세 구간에 대한 언급이 없다. 따라서 이것은 '반쪽 자리 NIT,' 혹은 귤화위지橘化爲枳라는 사자성어처럼 태평양을 건너오다 '탱자'가 돼버린 NIT '귤'의 오세훈 버전이라고 부를 수밖에 없다.

국가 예산을 매년 증액할 때 그 증액의 재원은 증세 아니면 국채 발행이다. 저성장이 뉴 노멀이 돼버린 지금은 더욱 그렇다. 오세훈 시장이 갑자기 손 위에 굴러떨어진 것처럼 말하는 '매년 30조 원 이상의 복지 예산 증가'도 증세 아니면 국채 발행의 결과다. 그런데 그는 증세는 하지 말아야 한다고 하고, 국채 발행에 대해서는 나랏빚이 늘어나 큰일이라고 늘 말하는 확장적 재정 지출 반대론자다. 한마디로 그는 예산 증액의 두 방법을 다 반대하면서 두 방법 중 하나로부터 나온 예산은 매년 꼬박꼬박 42조 원을 사용하겠다고 말하고 있는 것이다. 지하에 있는 밀턴 프리드먼이 이것을 듣는다면 무덤에서 벌떡 일어날 것이다.

안심소득의 가장 큰 문제는 무엇일까? 딱 하나만 든다면 중위소득 100퍼센트 미만의 가구에게만 소득 지원을 한다는 것이다. 왜 그것이 문제인가? 먼저 우리나라의 소득 불평등은 너무나 심각한 수준이라 중위소득을 넘었다고 넉넉한 가구라고 보아선 안 된다. 중위소득은 평균소득에 비해 매우 낮다. 국민 소득 중 가계 소득의 비율이 낮고 가계 소득에도 양극화가 심하기 때문이다. 수치로 살펴보자. 2020년 기준 1인당 명목 GNI(국민 총소득)는 '3만 달러'를 넘어 연 3900만 원 정도이다. 4인 가구라면 수학적으로 연 소득이 1억 5000만 원이 넘어야 하는데, 우리나라 국민 총소득에서 가계 소득이 차지하는 비율은 61.3퍼센트(2017년 기준, OECD 추산)에 지나지 않는다. 미국이 79퍼센트, 독일이 73퍼센트 등인 것에 비해 매우 낮은데, 그만큼 기업의 소득이 가계로 덜 이전되며 정부의 공적 이전지출도 타국에 비해 적다는 의미다.

여하튼 1억 5000만 원의 61.3퍼센트는 9200만 원 정도이다. 이것이 가계 부문 4인 가구의 '평균' 소득이다. 그런데 보건복지부가 2020년 고시한 4인 가구의 '중위' 소득은 5800만 원 정도이다. 요컨대 5800만 원과 9200만 원 사이에 중위소득은 상회하지만 평균소득에는 미달하는 무수히 많은 사람들이 존재한다는 것이다. 안심소득은 바로 이 평균소득도 안 되는 무수한 사람들을 수혜 대상에서 제외한다. 또한 안심소득은 평균소득을 넘지만 부유하지는 않은 사람들도 당연히 배제한다.

안심소득은 분명히 기존의 기초생활 수급자와 근로·자녀장려금 수령자를 더한 것보다 더 많은 사람들을 현금 복지 혜택 속에 포함할 수 있을 것이다. 하지만 중위소득 100퍼센트 미만, 즉 인구 절반만을 대상으로 하는 안심소득의 사후적 결과는 매우 나쁜 방향으로 흐를 것이다. 중위소득 이상이지만 부유하지 않은 사람들 다수에게는 복지 제도에 대한 불신이 생길 것이고 복지 제도를 위한 기여인 증세에 대한 거부감이 자리 잡을 것이다. 어쩌면 이것이 안심소득 주창자들이 정말로 원하는 것일 수도 있겠다. 복지 전반에 대한 불신 말이다.

소득 기준을 구분하지 않고 100퍼센트의 국민에게 보편 지급한 2020년 1차 긴급재난지원금은, 모두가 혜택을 보는 보편적 복지야말로 복지 제도에 대한 믿음을 강화하고 '증세의 선한 면'을 깨닫게 하며 사회적 연대와 공동체 의식을 강화한다는 것을 보여줬다. 당초에 기획재정부가 '하위 70퍼센트만 선별'하겠다고 할 때는 국민 간의 분열 조짐이 보였다. 소득 하위 절반만을 대상으로 하는 안심소득이 만약에 실시된다면 이것은 세금을 내는 상위 50퍼센트와 복지 수혜를 입는 하위 50퍼센트로 사회를 분열시킬 것이다. 참고로 국세청 통계연보에 따르면, 납세 대상자 중 근로 소득세 면제비율은 2015년 48.1퍼센트, 2018년 41.0퍼센트였다. 결국 세금을 내는 대부분의 사람들을 복지 국가의 반대자로 내몰 것이란 의미다. 특히 중위소득은 넘지만 부유하지 않은 보통의 사람들을 그렇게 만든다는 것은 매우 뼈아픈 것이다.

오세훈 시장은 왜 안심소득제를 지지하고 나선 것일까? 유튜브 오세훈TV의 '우파 정권 재탈환의 최종병기-안심소득' 편에서 그는 이렇게 말한다. "(대통령)선거에서 이기는 방법이 뭐냐? 어떤 유권자들의 표를 가져와야 우리가 51퍼센트 이상을 얻을 수 있는 거냐? 저는 요즘 그것만 고민하고 살기로 했습니다." 이 중 "어떤 유권자들의 표를 가져와야"라는 말에 눈길이 간다. 중위소득 100퍼센트 미만, 즉 안심소득을 받는 구간은 바로 타기팅된 유권자들이다. 오세훈 서울시장은 2022년 7월부터 안심소득 시범 사업에 착수할 예정이다. 박기성 교수는 시범 사업 자문단에 포함되었다.

공정소득은 안부터 만들어야 한다

2021년 국민의힘 유승민 의원은 기본소득 비판의 대열에 합류했다. 그는 자신의 안을 '공정소득(NIT)'이라고 표현하며 공정소득이 곧 음의 소득세이자 그것의 한국어 번역이라고 소개했다. 그렇다면 유 의원은 마땅히 안심소득제에 빠져 있는 '양의 소득세' 구간에 대해서 말해야 할 것 같은데, 그 부분에 대한 언급이 없다. 공정소득 역시 안심소득처럼 증세 등 재원 마련 계획이 없는 셈이다. 유 의원은 기본소득을 비판하는 다양한 발언을 했을 뿐 자세한 공정소득 계획안을 제출한 적이 없다. 그런 점에서 공정소득은 안심소득보다 더 무책임하다.

유 의원은 다음과 같이 말한다. "정부가 돈을 줄 때는 당연히 가난한 서민에게 더 드려야 한다. 그런데 왜 기본소득은 똑같이 나눠주나." 기본소득을 비판할 때, 걷는 액수와 주는 액수를 통일적으로 바라보지 못하고 오직 주는 액수가 똑같다는 이유로 공정하지 못하다고 생각하는 사람들이 많다고 앞에서 지적한 바 있다. 유 의원의 사고가 전형적으로 그렇다. 이런 사고에 빠지는 이유는 그들의 머릿속에 애초부터 걷는 것, 즉 '증세'에 대한 사고가 없기 때문이다. 이는 그들이 이 문제를 진지하게 생각하고 있지 않다는 방증이다. 공정소득의 진정성이 의심되는 대목이다.

유 의원은 "기본소득에 쓸 돈을 소득 하위 50퍼센트에게 주면 두 배를 줄 수 있다. 소득 하위 33.3퍼센트에게 주면 세 배를 줄 수 있다"라며 "양극화와 불평등을 완화하는 효과는 공정소득이 훨씬 우월하다"고 덧붙인다. 한편 기본소득은 '포퓰리즘populism'이라고 비판한다. 그런데 왜 포퓰리즘은 부정적 의미로 통용되는 걸까? 포퓰리즘은 사람들people의 생각을 중심에 두고 '엘리트'에 대한 대항을 전략으로 삼는 정치적 기획이다. 하지만 우리나라에서는 포퓰리즘을 '대중영합주의'라는 부정적 의미로 사용하는 언론이 많다. 결국 기본소득이 포퓰리즘이라는 말은 자신의 정치적 영향력을 위해 대중에게 영합하는 불의한 정책이라는 뜻일 것이다.

그렇다면 유 의원의 위의 주장이야말로 대중영합적 주장이 아닐까? 기본소득 비판자들은 항상 '동일한 재원'이라는 부당 전제로 말을 시작한다. 동일한 재원이라면 서민에게 더 나눠주는 제도가 가장 서민적인 제도라는 논지다. 만약에 기본소득과 동일한 재원으로 더 '친서민적'인 제도를 만들고 싶다면 우선 지금 존재하는 생계급여부터 혁신적으로 올려야 할 것이다. 하지만 역대 정부에서 그런 일은 없었다. 공정소득의 안 자체가 없다는 것은, 실은 그만한 재원을 조성할 의지도 계획도 없다는 것이다. 그렇다면 왜 그렇게 말하는 것일까? 예상하건대 그만한 재원이 만들어지는 것을 막고 싶은 것이다. 그만한 재원을 만드는 일에 돈을 내고 싶지 않은 것이다. 그 실체가 바로 '친서민적' 공정소득이다. 의지도 계획도 없으면서 서민에게 두 배, 세 배 더 지급할 수 있겠다고 말하는 것이야말로 대중 영합주의의 전형이다.

참여소득의 트라일레마

'OO소득'이란 이름의 다양한 소득 보장 방법이 제시되는 가운데 더불어민주당 이광재 의원이 '참여소득participation income'을 주장하며 이 영역에 뛰어들었다. 참여소득은 불평등 연구의 대가인 영국의 경제학자 토니 앳킨슨Anthony Barnes Atkinson이 1996년에 최초로 주장한 것으로 기본소득의 지급 방식을 달리하자는 주장이다. 한마디로 기본소득의 5대 원칙 중 '무조건성'을 약화시켜 특정한 활동에의 '참여participation'를 조건으로 기본소득을 지급해야 한다는 것이다. 이때 참여란 반드시 시장 노동만을 의미하는 것이 아니라 교육 및 훈련, 돌봄과 자원봉사 등을 포함한 다양한 '사회적 기여social contribution'를 의미한다.

당시 영국에서는 기본소득이 '시민소득citizen's income'이란 이름으로 논의되었는데, 앳킨슨은 이 시민소득의 핵심을 '자산 조사에 기반한 공공부조'를 대체하는 것으로 보았다. 그의 생각에 따르면 자산 조사에 기초한 복지 급여는 빈곤을 고착화하고 저축을 의미 없게 만든다. 게다가 낙인 효과와 사각지대를 유발하며 가구 단위의 복지 혜택을 고정화하여 여성과 청년, 청소년을 속박한다. 공공부조는 역설적으로 사회복지를 끝없이 후퇴시키므로, 현대의 복지 제도는 사회 보험과 기본소득의 결합이 되어야 한다. 여기까지는 기본소득의 생각과 동일하다. 하지만 앳킨슨은 기본소득이 특정한 활동과 결합하지 않고 무조건성을 고수하게 되면 정치적 지지를 확보하기 어렵다고 보고 '참여'를 조건으로 기본소득 지급을 진행하자고 주장한 것이다.

참여소득은 수급에 있어 어떤 반대급부도 요구하지 않는 기본소득과, 특정 노동을 수행해야만 복지 급여를 받을 수 있는 노동연계복지workfare라는 양극단 사이에 놓인 절묘한 절충처럼 보이기도 한다. 하지만 이는 착시다. 참여소득은 그 취지상 동시에 해결하려는 세 가지 과제가 있는데 사실상 해결할 수 없는 트라일레마trilemma 상황에 놓여 있다. 그 과제는 다음과 같다. 첫째, 공공부조의 문제를 해결하기 위해 최대한 포용적이어야 한다. 둘째, '참여' 조건의 엄격한 적용과 엄정한 판정이 필요하다. 셋째, 행정적, 경제적 비용이 적어야 한다. 그런데 참여소득이 포용적이려면 참여 조건을 약하게 하거나 평가를 관대하게 해야 한다. 그렇게 되면 참여소득은 무조건적 기본소득과 별반 다를 것이 없어진다. 반대로 참여 조건을 엄격하게 하면 노동연계복지의 일종이 되며, 참여를 엄격하게 검사하려면 거대한 행정 비용이 들게 된다. 결국 기본소득과 노동연계복지 둘 중 하나를 선택하는 것이 오히려 합리적이다.

다만 참여소득이 던져주는 메시지는 충분히 곱씹어볼 가치가 있다. 특히 사회적으로 유용한 일임에도 시장에서 화폐와 교환하기 어렵거나 정당하게 평가받지 못하는 활동의 가치를 인정하고 참여를 고취하는 것은 그 자체로 중요하다. 다시 말해 공동체에 큰 공익적 가치를 가지고도 충분히 보상받지 못해 지속성에 타격을 입는 활동에 현금 지급이라는 혜택을 주어, 그 활동을 지속 가능하게 만드는 것이다. 예컨대 식량을 공급하고 환경을 보전하며 기후 위기에 맞서 싸우는 농업 활동이나, 시장 가치로 측량하기 어려워도 거대한 가치를 가지고 있는 예술 활동 같은 것 말이다. 우리나라에서 최근 논의되고 있는 '농민 기본소득'이나 '예술인 기본소득'과 같은 경우가 바로 이런 참여소득의 정신을 반영한 것이라 볼 수 있다. 이렇듯 참여소득은 기본소득의 정치적 실현을 위한 입구나 경로로 보기보다는 기본소득과 병행하는 보완 전략으로 접근하는 편이 좋다.

이광재 의원은 참여소득을 과거 우리나라의 '품앗이'의 정신과 연결되는 것으로 생각하면서 과거 싸이월드의 화폐였던 '도토리'를 응용하여 참여소득을 사회에 기여하고 받는 일종의 '사회적 도토리'라고 말한다. 참여소득을 품앗이로 말하는 것은 무리하다. 지역 사회 내에서 품앗이 개념으로 서로의 유의미한 활동을 한 시간이라는 동일 단위로 환산하여 주고받는 '타임뱅크Time Bank' 운동이 우리나라에서도 이루어지고 있다. 하지만 이것은 일종의 '노동 화폐'로서 현금이 결부되지 않는 노동과 노동의 교환이므로 앳킨슨이 말하는 참여소득과는 거리가 있다.

이광재 의원은 병원 이용 기록이나 금융 사용 기록 등 자신의 정보를 제공하고 소득을 얻는 방법도 참여소득의 한 형태로 제시하고 있는데, 이것은 개별적인 데이터 매매 행위이지 사회복지 정책으로서의 참여소득과는 무관하다. 우리는 부지불식간에 수많은 데이터를 양산하고 있고 이 데이터는 모두 소중하다. 최근 금융권에서 각광받는 '마이데이터' 개념은 데이터 주체인 '내'가 권리를 갖는 것을 의미하는 것이지 데이터 매매를 목적으로 구상된 것이 아니다. 오히려 우리가 모르는 새에 플랫폼과 빅데이터 업체에 이용자의 데이터를 고스란히 갖다 바치는 '데이터 인클로저data enclosure'가 문제시되고 있다. 빅데이터에 대한 우리 모두의 권리를 인정하고 플랫폼 업체에 정당하게 과세하여 빅데이터에 대한 사회배당으로서 기본소득을 지급하는 것이 데이터에 대한 올바른 정책적 접근 아닐까?

그리고 농민 기본소득

참여소득의 정신이 잘 반영된 것으로 우리나라에서 큰 관심을 불러일으키고 있는 것이 농민 기본소득이다. 농민 기본소득은 모든 농민 개인에게 아무 조건 없이 정기적인 현금을 동일하게 지급하는 것이다. 사회 구성원 모두에게 지급하는 기본소득과 비교해 보면, 농민 기본소득은 농민이어야 지급받을 수 있으므로 농업 활동을 '조건'으로 하는 참여소득이 맞다. 하지만 왜 농업참여소득이라 하지 않고 농민 기본소득이라고 불리는가? 농촌 내부에서 그리고 농민의 시각에서 보면 분명히 '기본소득'이기 때문이다.

현재 농민들은 '공익형 직불금'을 받고 있다. 농업 활동을 통해 식품 안전, 환경 보전, 농촌 유지 등 공익을 창출하도록 농업인에게 보조금을 지원하는 제도다. 공익형 직불금은 농업 경영체에 등록된 농가에 다양한 지급 조건을 두어 지급되며 '소농 직불금'과 '면적 직불금'으로 나뉜다. 소농 직불금은 0.1~0.5헥타르의 농지를 소유하거나 면적 직불금이 120만 원 미만인 농가에 연간 120만 원을 지급하는데, 이를 수령하려면 이 외에도 6가지 요건을 더 충족해야 한다. '면적 직불금'은 소농 직불금을 수령하지 않는 농가에 주는 것으로 농지 면적에 3단계의 지급 단가를 곱한 금액을 지급한다. 따라서 농지 면적이 클수록 수령액은 점점 커지게 되고 최대 연간

5734만 원까지 받을 수 있다. 공익형 직불금은 '기존 직불금 수령 이력이 없는 농지'의 경우는 지급받지 못하고, '농지 형상·기능 유지' 등 17가지 준수 사항까지 있다. 또한 임차농은 거의 받지 못하고 있는 현실이다.

가구 단위 지급에 부농일수록 지급액이 커지고 각종 요건 및 준수 사항까지 있는 공익형 직불금에 비해, 개인 단위 지급에 액수도 동일, 농업 활동 이외에는 별다른 조건이 없는 농민 기본소득은 농민 입장에서는 기본소득으로 느껴지는 것이 당연하다. 농민 기본소득이 필요한 이유는 소농 중심의 농촌 재건이 절실하기 때문이다. 농민 기본소득은 농민의 '소득 바닥'을 만들어서 소농의 생존을 가능하게 한다. 소농 중심의 자원 순환형 친환경 농업을 정착시켜야 생태계를 지키고 기후 위기와 싸울 수 있다. 게다가 소농은 농촌 대다수를 차지한다. 그러므로 소농을 살려야 농촌 공동화와 소멸을 막을 수 있다. 땅이 있건 없건 농사만 짓는다면 월정액을 보편적으로 지급해야 도시의 청년들이 농촌으로 이주해 소농이 될 수 있다.

농민이 살아야 나라가 살고 지구가 산다. 코로나19로 인한 판데믹은 식량의 기지이자 생명 창고인 농업의 중요성을 모두에게 일깨웠다. 농민 기본소득은 농촌의 문제를 모두 해결하는 만병통치약은 아니지만 거대한 전환의 시작이 될 수 있다. 기본소득과 보완적 효과를 가지는 참여소득으로서의 농민 기본소득은 자연 약탈적 화학 농업, 대농 중심의 생산주의 농정을 극복하고 농민의 지위와 권리를 되찾는 마중물이 될 것이다.

7 패러다임의 전환

기본소득의 기초, 커먼스

1장에서 언급한 기본소득한국네트워크 정관의 제2조 '목적'의 내용을 다시 인용할 때가 왔다.

> "기본소득이라 함은 공유부에 대한 모든 사회 구성원의 권리에 기초한 몫으로서 모두에게, 무조건적으로, 개별적으로, 정기적으로, 현금으로 지급되는 소득을 말한다."

앞에서 이 정의의 뒷부분을 살펴봤다. 즉, 기본소득의 5대 원칙을 주어진 것으로 간주하고 그것이 왜 중요한지, 다른 복지 제도와는 어떻게 다른지 등을 살핀 것이다. 이제 좀 더 근원적인 질문을 던져 보자. 왜 그래야 하는가? 왜 기본소득은 꼭 보편적, 무조건적, 개별적으로 나눠주어야 하는가? 선별에 어려움이 따르는 건 사실이지만 왜 꼭 이미 돈이 넘쳐나는 사람에게도 주어야 하는가? 꼭 가구가 아닌 개인 단위로 지급해야 하는가? 부자일수록 가구원도 많은데 개인 단위 지급은 결국 가족 성원이 많은 중산층 이상에게 유리한 것 아닌가? '규모의 경제'를 반영하여 가족 성원이 늘어날수록 1인당 지급액은 조금씩 줄여야 하는 것이 아닐까?

이 질문들에 대한 답은 위 정의의 앞부분에 있다. "기본소득이라 함은 공유부에 대한 모든 사회 구성원의 권리에 기초한 몫"이다. '공유부 혹은 공동의 부wealth of commons'란 무엇인가? 한 책을 인용하자면 다음과 같다. "사회가 생산한 부 중에서 성과의 원리에 따라 특정 주체의 몫으로 배타적으로 귀속시킬 수 없는 몫, 곧 모두의 몫이다. 모두의 몫은 특정 주체의 성과로 귀속시킬 수 없기 때문에 개별적인 모든 사람에게 조건 없이 평등하게 분배되어야 한다."[32] 왜 특정 주체의 성과로 귀속시킬 수 없을까? 고전 경제학은 국민 소득이 임금, 이윤, 지대로 분해된다고 설명한다. 그때 그 몫은 각각 노동, 자본, 토지라는 생산의 3요소에 각 주체가 기여한 성과에 따른 것이다. 하지만 '공동의 부'는 말 그대로 그 부의 기여도를 개별적으로 측정할 수 없다. 따라서 모두에게 귀속되고 개인별로 평등하게 아무 조건 없이 분배되는 것이다. 공동의 부에 대한 선별 분배나 차등 분배는 원천적으로 부당하다.

어떤 것이 공동의 부인가? 커먼스commons는 보통 '공유지'로 자주 번역된다. 이는 협의狹義긴 하지만, 한편으로 커먼스를 더 쉽게 이해할 수 있는 방법이기도 하다. 일례로 '경의선 공유지 운동'을 들 수 있다. 국유지인 경의선 철도 부지를 국가가 멋대로 '사유화'하여 대기업의 배타적 수익을 보장하려던 것에 시민들이 맞서 싸운 것이다. 실제로 commons는 원래 common land를 의미했다. 유럽의 지역 사회는 공동으로 이용하는 개방 농지, 공동 방목지와 삼림, 황무지가 중세

내내 존재했다. 이 역사적인 공유지에 영주와 대지주가 울타리를 치고 폭력적으로 농민을 몰아냄으로써 배타적인 사유지로 전환한 사건을 역사책은 '인클로저enclosure'라 부른다. 이렇게 공유'지'에 쓰이던 커먼스 개념은 미국의 생태학자 개럿 하딘Garret Hardin의 저서 《공유지의 비극The Tragedy of the Commons》을 통해 공유자원 일반으로 확장되었다.

이제 커먼스는 "우리의 조상, 조부모, 부모가 우리에게 물려준 자연적·물리적 환경을 포함한 공적 부"[33]로서 우리가 공동으로 누리고 있는 것을 의미하게 되었다. 커먼스는 한국어로 '공유재', '공동자원', '공유자산', '공동영역' 등으로 다양하게 번역되고 있지만 어느 것도 적확하다고 보기 어려우므로 보통은 그냥 커먼스라고 부른다. 그렇다면 '우리 모두가 공동으로 누리고 있는 물려받은 일체의 공적 부'에는 어떤 것이 있을까? 가이 스탠딩은 저서 《공유지의 약탈》에서 커먼스를 자연 공유지, 사회 공유지, 시민 공유지, 문화 공유지, 지식 공유지 등 다섯 가지로 분류하고 현대 자본주의가 이 공유지의 약탈로부터 지대 수익을 얻고 있다는 점을 지적한다. 그러므로 대항 전략은 지대 수익자로부터 부담금을 과세하여 공유지 기금을 조성하고 그 기금에 의거해 공유지 배당을 하는 것이 된다.

자연 공유지natural commons는 토지, 광물과 기타 자연물,

삼림, 야생 생물, 강과 호수, 해안, 공기, 하늘 등이다. 자연 공유지는 지배자, 대기업, 식민주의자에 의해서 가장 심하게 파괴되어 온 커먼스이다. 자연이 지구상에 처음 생겨날 때 당연히 소유자가 있을 리 없다. 하지만 이제는 지하수까지 독점적으로 소유하여 배타적인 수익을 얻는 지경에 이르렀다. 부당하게 사유화된 커먼스는, 돌릴 수만 있다면 공동 소유로 원상회복하는 것이 옳다. 하지만 본질이 자연 공유지라고 해서 쉽게 소유권을 부정할 수 없는 경우도 있다. 예컨대 조상 대대로 물려받아 농사를 짓는 땅은 오랜 기간의 축적된 노동의 산물이다. 이를 도외시하고 무조건 '자연 상태'로 돌리라는 것은 황당한 주장이다. 하지만 동시에 토지가 원래 공동의 부라는 점 또한 부정할 수 없다. 이 딜레마를 어떻게 풀어야 할 것인가? 토마스 페인은 1797년에 이미 《토지정의Agrarian Justice》에서 이에 대한 명쾌한 해답을 제시했다.

> "땅은 자연 상태에서 인류 공동의 재산이다. 땅이 경작되어 개인 소유가 되는 것은 개선된 가치이지 땅 그 자체는 아니다. 따라서 땅의 소유자는 그 땅의 기초지대ground-rent를 공동체에 빚지고 있는 셈이다. 그 기초지대를 걷어서 21살이 되었을 때 한 번, 그리고 50살 때부터 매년, 모든 사람에게 나눠주어야 한다. 그것은 토지 소유 제도의 도입으로 자신의 천부적

유산을 빼앗긴 모든 사람의 정당한 권리이다."

페인의 논지는 이렇다. 자기 땅에서 열심히 노동하여 얻은 성과는 땅 소유자에게 귀속되는 것이 맞다. 하지만 그가 경작하기 전부터 땅은 원래 거기 있었다. 소유자가 그 땅을 '창조'한 것이 아니다. 그렇다면 그 사람은 '소유권'이란 방식으로 임대료도 없이, 살아 있는 동안 인류의 땅을 잠시 빌려 쓴 셈이다. 내지 않은 임대료를 기초지대 혹은 바닥지대라 부를 수 있고, 그것을 걷어 노인 기본소득과 청년 기초자산의 재원으로 써야 한다. 그리고 그것은 커먼스를 빼앗긴 모든 사람의 정당한 '권리'이다. 페인은 10퍼센트의 상속세를 걷어 재원으로 삼자고 했다. 소유자가 세상을 떠날 때, 지금까지 내지 않은 기초지대를 내고 가라는 의미다.

여기서 한 가지 중요한 통찰을 얻게 된다. '인류 공동의 부'는 공적 소유public ownership 즉 '국유'나 협동적 소유cooperative ownership 즉 '조합 소유' 같은 특정한 소유 형태만을 가리키는 것이 아니고 사적 소유private ownership에도 존재한다는 점이다. 커먼스는 소유 형태와 무관하게 모두에게 귀속되어야 할 공동의 몫을 의미하고 있다. 그렇다면 사적 소유 안에 포함된 공동의 부는 어떻게 모두에게 귀속시킬 수 있을까? 위의 페인의 예로 보면 '경작되어 개선된 땅'과 '땅 그 자체'는 별개로 존재하지 않고 하나의 땅으로 존재한다. 즉, 사적 소유와 공동의 부를 물리적으로 분리할 수가 없다. 결국 사적 소유 안에 있는 공동의 부를 귀속시키는 방식은 보유세나 상속세 등의 형태로 징수하는 수밖에 없다.

기본소득을 커먼스의 수익 배당으로 바라보는 생각은 지성사에서 중대한 패러다임 전환이다. 따라서 엄밀한 의미에서 이것은 조세라기보다는, 공동의 부를 독점 사용한 것에 따른 일종의 '부담금'이라고 보는 것이 적합하다. 페인의 관점을 재해석해 보면 땅의 '자연적 소유'는 공동의 것이지만 '인공적 소유'는 경작자의 배타적 소유다.[34] 전자만을 인정하면 과거 사회주의의 사고대로 무상 몰수와 국유화로 이어지는데, 그것은 땅을 경작한 사람의 노력을 부정하고 그의 노력의 소산인 인공적 소유를 빼앗는 일이다. 후자만을 인정하는 것은 자본주의적 소유권을 신성시하는 사고로, 사유 재산권 이전에 공유가 사실적으로 존재했음을 부인하고 사유 재산제의 독점적 폐해에 눈 감는 것이다.

페인은 공유와 사유, 커먼스와 사유 재산제, 자연적 소유와 인공적 소유 사이에서 제3의 길을 만들었다. 페인은 기본소득과 기초자산을 커먼스의 수익 배당으로 규정함으로써, 사유 재산권을 침해하지 않으면서도 커먼스에 대한 모두의 권리를 보장할 수 있는 아이디어를 제시한 것이다. 커먼스의 수익 배당 또한 사유 재산권의 원리와 동일하게 '소유자에 따른 분배 원칙'이 적용되었다고 볼 수 있다. 모든 사람은 공유지에 대한 공유자commoner이므로 공동으로 평등한 분배를 받고, 사유 재산에 대한 소유자는 자신만의 배타적인 수익을 얻는다. 페인의 논법은 개인의 노력과 개인의 재산, 공동체의 원천적인 권리와 공유지 어느 것도 부정하지 않으면서 양극단을 배제할 수 있는 패러다임의 질적 전환이다. 그 전환의 중심에 커먼스의 수익 배당으로서의 기본소득이 있다.

농지와 관련된 페인의 논리는 자연 공유지 일반에 모두 적용될 수 있다. 예컨대 천연자원을 채굴한 사람이 채굴을 통해 천연자원의 가치를 증대시켰더라도 천연자원 그 자체를 창조한 것은 아니지 않은가. 자연 커먼스에 노동을 투입하거나 자본을 투자했다고 해서 그것을 독식할 수는 없는 것이다. 공유지에 대한 공유자들의 원천적인 공유의 권리가 있기 때문이다. 따라서 천연자원 개발자의 수익의 일부를 과세의 형태로 되찾아 기본소득으로 배당하는 것은 정의에 부합하는 일이다. 이것은 세대 간 정의intergenerational justice의 관점에도 부합한다. 이 대표적인 사례가 앞에서 살펴본 알래스카 영구기금이다. 제주 삼다수의 꿈도 여전히 유효하다.

인공적 커먼스

그렇다면 사람에 의해 생긴 인공적 공유지에도 그대로 적용할 수 있을까? 가이 스탠딩은 인공적 공유지를 사회 공유지, 시민 공유지, 문화 공유지, 지식 공유지 등으로 나누고 있다. 사회 공유지social commons는 "치안, 우편, 대중교통과 도로, 하수도 체계, 홍수 예방, 공원 등의 기본적인 인프라뿐만 아니라 공공 주택, 아이와 노인 돌봄, 보건의료와 사회서비스" 등 "정상적인 생활에 필수적인 기관들과 생활 편의 시설"을 말하는 것으로서 "이것들을 건설하고 유지하는 데에는 세금과 기부금, 그리고 가끔은 자발적 공유화를 통해 돈이 들어갔다."[35] 사회 공유지는 여러 세대에 걸친 인간들의 집단적 노력과 공공 기금의 집합체이므로, 이를 사유화하는 것은 오랜 기간 축적해 온 인류 유산에 대한 약탈이다.

시민 공유지civil commons는 "사법(정의)에 대한 권리"로서 "보편적이고, 정당한 법 절차에 기초하며, 법 앞에 평등"[36]이 표현된 보통법의 관행이다. 문화 공유지cultural commons는 "예술, 스포츠, 대중 매체, 공공도서관, 미술관, 박물관, 콘서트홀, 공연을 위한 공공장소", 더 나아가 "공공 건축, 도시 경관, 풍경"[37]들을 말한다. 마지막으로 지식 공유지knowledge commons는 "정보(뉴스와 사실), 지식(아이디어), 교육(학습 과정)"의 세 공유지를 말하는 것으로서 "아이디어가 자유롭게 생성되고 공유되며, 모두가 배우고 자신의 재능을 발전시킬 수 있는 곳"[38]을 말한다.

> "우리 모두의 부가 우리 자신이 하는 것보다 우리 앞에 있었던 사람들의 노력, 성취, 운과 훨씬 더 관련이 있다는 것을 성찰해야 한다. 도덕적으로 볼 때 우리 모두는 그러한 집단적 부에 대해 공정한 몫을 가져야 한다. 왜냐하면 누구의 선조가 얼마나 기여했는지를 알 수 없기 때문이다. 모든 형태의 '지대' 소득(물리적·금융적·지적 재산의 사적 소유에서 나오는 소득)은 공유되어야 한다."[39]

인공적 공유지도 자연 공유지처럼 특정 주체의 성과로 귀속시킬 수 없는 공동의 부인 것은 명백하다. 이에 관해 17세기 영국의 물리학자 아이작 뉴턴Isaac Newton이 인용한 것으로 유명한 "거인의 어깨the shoulders of giants"라는 말이 있다. 그는 1676년 경쟁자였던 영국의 물리학자 로버트 훅Robert Hooke과의 서한에서 "내가 더 멀리 볼 수 있었다면, 그건 거장들의 어깨 위에 서서 봤기 때문이다"라고 적었다. 그 뉴턴조차 '하늘 아래 새로운 것은 없다'라고 말한다. 그런데 현대 사회의 법체계와 저작권 시스템은 소위 '창작자'가 모든 것을 머리끝에서 발끝까지 만들어냈다고 주장한다. 과도하게 늘어난 저작권 보호 기간이 그것을 잘 말해 준다. 영국 앤Anne 여왕 치하인 1710년에 만들어진 세계 최초의 저작권법은 14년의 출판 저작권을 보호했고 작가가 생존해 있으면 14년을 추가로 연장할 수 있었다. 미국의 1790년 저작권법은 이를 모방해서 만들어졌다. 1831년의 법 개정으로 이 기간은 28년 보호, 14년 연장 가능으로 늘어났는데, 여기엔 '웹스터 사전Webster Dictionary'의 편찬자로 유명한 노아 웹스터Noah Webster Jr.의 로비가 있었다. 1909년에 연장 가능 기간은 28년이 되었다. 1976년에 저작권은 대대적인 개편이 이루어져 개인은 사후 50년까지, 법인은 창작 이후 75년까지로 늘어났고, 1998년에는 개인은 사후 70년까지, 법인은 창작 이후 120년 혹은 발표 이후 95년까지 늘어나게 되었다.

기간만 늘어난 것이 아니다. 저작권의 대상도 문학 작품, 음악과 가사, 대본과 음악, 안무, 무언극, 그림, 조각, 그래픽, 영화, 음향 등 전방위로 확대되었다. 이렇게 증손주, 고손주까지 할머니, 할아버지가 '창작'한 작품 덕에 꾸준히 배타적 수익을 얻는 이 시스템은, 저작권의 명분으로 거론되는 창작자의 보호나 창의성 고취와는 아무 관계가 없다. 오로지 이해 당사자와 업자들의 배를 불려주기 위한 것으로, 공공의 부에 대한 체계적인 약탈이다. 실제로 1998년에 미국에서 통과된 '저작권 기간 연장 법'은 속칭 '미키마우스 보호법Mickey

Mouse Act'으로 불린다. 이 법으로 인해 1928년에 등장한 월트 디즈니사의 미키마우스는 2024년 이후에나 저작권이 풀리게 됐다. 이 법을 통과시키기 위해 월트디즈니뿐 아니라 타임워너, 유니버설 등 대형 영화사와 엔터테인먼트 회사들, NFL, NBL, NHL, MLB 등 프로 스포츠 리그들이 대대적인 로비를 했다.

과도한 지적 재산권은 지식 공유지를 고갈시킨다. 저작권 보호는 저자의 사망과 함께 종료되거나 과거처럼 14년간 존속되는 것으로 환원되어야 한다. 창작자의 노력을 침해하자는 것이 아니다. 창작자의 노력은 '어깨 위'의 것임을 정확히 규정하고 발끝에서 어깨까지 지식을 쌓아 온 인류의 공유지를 인류에게 돌려주기 위한 것이다. 인공적 공유지는 '전승된 부'이기도 하지만 '협동적 부'이기도 하다. 즉 공유자commoner의 공유화commoning 과정 없이 공유지commons는 생성되지 않는다. 지식은 한 명의 천재가 만드는 것이 아니다. 지식 공동체의 의식적, 무의식적 협업이 없이는 한 사람의 지식도 만들어지지 않는다.

지식만 그런 것이 아니다. 예컨대 건물의 가격은 그 건물을 만드는데 든 자재비와 노동 비용으로만 구성되는 것이 아니다. 건물의 입지 조건, 즉 역세권인지, 교육 여건이 좋은지, 공원이 옆에 있는지 등 사회 경제적 여건에 따라서 가격이 좌우되는 것이다. 당연히 이것은 그 건물 소유자의 노력에 따른 것이 아니다. 입지 조건은 도시 계획이, 그 주변의 자영업자들, 문화 창조자들, 그 지역에 살고 있거나 그 지역을 걸어 다니는 사람들이 만드는 것이다. 역시 특정 주체의 성과로 귀속될 수 없는 공동의 부다.

이 시대의 인공적 커먼스를 대표하는 것은 빅데이터다. 빅데이터는 인간 활동 전 영역에 대한 디지털 기록물이다. 우리의 위치 정보, 체크 및 결제, 승하차, 마우스로 클릭하고 손가락이 터치한 모든 정보가 데이터로 하나하나 쌓인다. 개인의 개별 데이터 단계에서는 가치를 지니지 않는다. 플랫폼 자본이 개별 데이터를 수집, 집적, 가공하여 빅데이터를 생성하는 순간 비로소 데이터의 가치도 발생하게 된다. 이렇게 보면 플랫폼이 빅데이터의 유일한 공로자인 것 같은 생각이 들 수 있다. 하지만 사람들의 디지털 활동이 없어 개별 데이터도 존재하지 않는다면 플랫폼은 어떤 데이터를 수집할 수 있을 것인가? 당연히 빅데이터가 만들어질 수 없다. 개별 원천 데이터와 빅데이터의 관계는 토마스 페인이 원천적 토지와 개간된 토지와의 관계를 설명한 논리 구조와 같다고 볼 수 있다.

"토지의 가치를 증대시킨 사람이 토지 그 자체를 창조한 것이 아니라는 페인의 말은 빅데이터에도 적용된다. 플랫폼 자본은 원천 데이터를 수집하지만 데이터 그 자체를 창조한 것은 아니다."[40]

원천적 토지 공유자로서의 만인이 그 토지의 개간에서 나온 수익의 일부를 '기초지대'로서 배당받을 권리가 있듯이, 원천적 데이터 창조자로서의 만인은 그 데이터의 집적·가공에서 나온 수익의 일부를 빅데이터 공동 소유권에 따라 배당받을 권리가 있다. 지금은 인간의 디지털 활동에 따라 매 순간 생성되고 갱신되는 빅데이터를 플랫폼이 배타적으로 소유함으로써 플랫폼은 빅데이터 활용에서 나온 수익 전체를 독식한다.

시가 총액으로 본 세계 기업의 순위를 보면 1위부터 8위까지 2위인 석유 기업 아람코Saudi Aramco를 제외하고는 모두 플랫폼 기업이다. 2006년 유튜브가 구글에 16억 5000만 달러에 인수될 때 유튜브의 직원은 65명에 불과했다. 2조의 '기업가치'를 65명의 노동자가 '노동의 가치'로만 만들었다고 볼 사람은 아무도 없을 것이다. 시장에서 2조로 평가받은 기업 잠재력의 핵심은 유튜브 콘텐츠를 만들어 올리고, 공유하고, 좋아요를 누르고, 구독을 신청하고, 댓글을 다는 수많은 사람들의 디지털 활동인 것이다.

따라서 빅데이터 수익을 플랫폼이 독식하는 것은 현대

판 인클로저enclosure, 빅데이터 인클로저다. 마땅히 공유자로서의 인류에게 그 수익의 일부를 배당해야 한다. 배당의 방법은 마땅히 개별 공유자에게 평등한 n분의 1이다. 자연 공유지와 마찬가지로 역시 개별 주체의 기여도를 측정할 수 없기 때문이다.

어떻게 커머닝할 것인가

애초에 누구의 것일 수가 없었던 자연적 커먼스, 오랜 세대에 걸친 인간의 협동적 활동에 의해서 생성되어온 인공적 커먼스는 인클로저, 상업화, 사유화, 식민화 등의 방법으로 약탈당해왔다. 실제 커먼스의 주인인 커머너는 그 이용, 혜택, 수익으로부터 배제됐다. 그렇다면 이 공동의 공적 부를 어떻게 하면 다시 만인의 것으로 돌릴 수 있을까? 첫 번째 떠오르는 방법은 '재공유화re-commoning'다.

2021년 9월 26일 독일 연방 하원 선거가 진행되는 날 베를린에서는 시민 투표가 동시에 진행됐다. 이 시민 투표는 '도이체보넨 몰수Deutsche Wohnen & Co. enteignen' 운동이 추진한 것으로서 4개월 동안 베를린 유권자 18만 명 이상의 서명을 받아 성사된 것이었다. 시민 투표의 내용은 무엇이었는가? 도이체보넨 등 10여 곳의 부동산 임대 기업이 보유한 24만여 채의 부동산을 "시장 가격보다 현저히 낮은 가격으로" 유상 몰수하여 재국유화하고, 재국유화한 공기업은 다시 민영화할 수 없게 하여 이윤이 아닌 공익에 따라 운영하도록 하는 것이었다. 베를린 유권자 과반이 투표에 참여하고 투표자의 과반수가 찬성하면 베를린 시민이 베를린 시 의회에 법률안 제정을 공식적으로 요구하게 된다. 법적 이행 의무는 없지만 정치적 부담이 될 것이었다.

통일 직후 베를린의 공공 임대 주택은 48만 2000채로 전체 주택의 28퍼센트였지만 그중 25만 채 이상이 민간에 팔렸고 그동안 임대료는 급등했다. 특히 2016년부터 2021년까지 5년간 임대료는 42퍼센트가 상승하여 독일 최고의 상승률을 기록했다. "아무리 임대료가 올랐어도 그렇지, 합법적으로 가지고 있는 민간 기업의 부동산을 현저히 낮은 가격으로 몰수한다니. 사회주의자들 아니야?"라고 생각하는 사람들도 있을 것이다. 하지만 시민 투표 추진자들은 독일 기본법 15조에 근거하여 이 조치가 완전히 '합헌'임을 주장한다. "토지, 천연자원 및 생산 수단은 국유화를 목적으로, 보상의 성격과 범위를 규정한 법률에 근거해 공적 소유 혹은 기타 유형의 공공기업으로 이전할 수 있다"라고 법은 말한다. 시민 투표 결과는 어떻게 되었을까? 투표자의 56.4퍼센트가 찬성표를 던져서 가결되었다. 반대표는 39퍼센트에 불과했다.

우리나라는 공공 임대 주택의 비율이 매우 낮지만, 유

럽은 20세기 초부터 높은 비율의 사회 주택이 제공되었다. 1981년 영국 가구의 삼 분의 일이 사회 주택에 살았다. 신자유주의의 광풍이 불면서 사회 주택의 비율은 극적으로 곤두박질쳤다. 사회 주택은 매각되어 사유화된 상품이 되었고 개인 소유나 민간 부동산 회사의 소유로 바뀌면서 이전보다 높은 월세로 임대됐다. 도시 재개발 사업 과정을 통해 새로운 지구가 등장할 때마다 사회 주택 비율이 현저히 줄고, 그곳은 중산층과 부유층이 사는 지역으로 탈바꿈하기도 했다. 21세기 들어서는 공유와는 아무 관계도 없는 '공유 경제sharing economy'의 바람이 불면서 지역민들에게 임대되던 주택이 '에어비앤비'용 주택으로 바뀌면서 임차해서 살 수 없는 주택으로 변하기도 했다. 도이체보넨 몰수 운동은 이런 흐름에 정면으로 도전하는 재공유화 운동이다.

사회 주택만이 공유지인 것이 아니다. 건물이 서 있는 모든 토지, 아니 건물이 서 있지 않더라도 모든 토지가 다 공유지다. 페인의 주장처럼 사유화된 모든 토지에 포함된 공동의 부를 인정하고 그 토지에서 발생하는 수익의 일부를 모두에게 돌려주는 것이 공유화, 커머닝의 적절한 방법일 것이다. 지하자원은 어떤가? 지하자원은 사회 주택처럼 사람들이 함께 채굴하거나 분할해서 나눠 가질 수 있는 것이 아니다. 지하자원을 채굴하려면 사기업이건 공기업이건 기업의 활동으로서 이루어질 수밖에 없다. 이때 단순히 채굴하는 기업이 사기업이면 공유지가 사유화된 것이고 공기업이면 공유지인 것이 아니다. 소유 형태와 관계없이 모든 사람의 몫이 모두에게 귀속되지 않는다면 커먼스에 대한 약탈이다. 모두의 자연적 공유지인 지하자원을 채굴하여 얻은 수익의 일부를 배당하는 것이 유일한 커머닝 방법이다. 지하자원의 채굴이 지구가 더 이상 감당할 수 없는 수준에 이르면 그 채굴을 중단하는 것, 그것이 그 단계의 커머닝일 것이다.

빅데이터는 어떤가? 빅데이터 인클로저가 이루어지고 있다고 해서 모든 사람이 플랫폼에 데이터 주지 않기 운동을 할 수도 없는 노릇이다. 디지털 경제를 거부하고 아날로그 시대로 돌아가자는 것은 진보가 아니라 퇴행이다. 디지털 경제의 발전은 거대 이윤을 획책하려는 플랫폼 자본의 음모로 생겨난 것이 아니다. 오랜 세대에 걸친 인간의 집단 지성과 집합적 노동이 만들어낸 인류 모두의 성과다. 인류 모두가 그 성과를 누리고 그 편의를 활용해 더 행복한 삶을 살 권리가 있다. 또한 플랫폼에게 우리의 데이터를 주고 싶지 않다고 해서 우리가 의식적으로 주지 않을 수 있는 것도 아니다. 이미 플랫폼이 사회 구조 곳곳을 파고들었기 때문이다. 우리 존재의 일분일초가 시시각각으로 데이터를 플랫폼에 제공하고 있다. 따라서 데이터를 주지 않는 방식의 리커머닝은 불가능하다.

문제는 플랫폼의 힘이 네트워크 효과에 있다는 것이다. 사용자가 늘어나면 늘어날수록 데이터가 쌓이면 쌓일수록 플랫폼 서비스의 가치와 플랫폼 비즈니스의 수익이 '수확체증'[41]적으로 늘어나게 된다. 플랫폼 사용자 입장에서도 같은 업종에서 수많은 업체가 '완전 경쟁'하면서 데이터를 분점하고 있는 상황에서는 오히려 편익이 감소한다. 예를 들어 열 개의 메신저 업체가 각축을 벌이고 있다면 우리는 메신저 열 개를 써야 할 것이다. 독점은 플랫폼 자체에 내재한 본성이다. 그런데 독점은 막대한 경제적 '지대'를 발생시킨다. 그리고 그 경제적 지대의 원천은 무상으로 제공된 막대한 개별 데이터의 집적에 있다. 따라서 원천 데이터의 창조자로서 만인은 데이터 분산을 기도할 것이 아니라 빅데이터로 생긴 수익의 일부를 배당받는 커머닝 방식을 택하는 것이 합리적이다.

빅데이터 인클로저에 맞서는 가장 적극적인 방법은 2016년 스페인 바르셀로나시 정부가 '바르셀로나 기술 주권 이니셔티브Barcelona Initiative for Technological Sovereignty · Bits'로서 제시한 바 있다. 모든 데이터를 집적하는 '시市 데이터 커먼스'를 구축하여 빅데이터가 사적 서비스 제공자나 플랫폼 기업의 독점적 소유가 되지 않게 하고 그 집적과 분석 및 활용을 모두 민주적 통제와 의사 결정하에 두는 것이다. 또한 빅데이터에 의거한 산업 정책을 시도할 때는 협동조합에 우선 배정하는 것으로 하고, 빅데이터 활용으로 생긴 수익은 무조건적 기본소득으로 배당하는 것이다. 플랫폼 자본이 주도하는 스마트시티SmartCity[42] 모델에 맞서 어떻게 커먼스를 지킬 것인가에 대한 대항적 전략으로서 깊이 검토해 볼 만하다. 유의할 것은 지자체 주도의 플랫폼이라고 해서 전시성 사업에 그치지 않아야 하며 대자본의 플랫폼을 압도하는 대표 플랫폼이 되어야 한다는 것이다.

커먼스 펀드

인류 공동의 부를 독점 사용한 것에 대해서 부과한 부담금은 그해에 사회 구성원들 모두에게 기본소득으로 배당할 수 있다. 하지만 그렇게 해서는 안 되는 커먼스도 있다. 지하자원처럼 재생되지 않거나 고갈되는 공유지의 경우이다. 1977년에 경제학자 존 하트윅John Hartwick은 '세대 간 공평'을 보장하기 위해 고갈 자원의 사용에서 나오는 지대 소득 가운데 충분한 액수를 투자하여 미래 세대도 그 혜택을 볼 수 있게 해야 한다고 주장했는데, 그것을 '하트윅 규칙Hartwick's Rule'이라 부른다. 즉 재생 불가한 자원에 대해서 우리는 일시적 소유자일 뿐이고 그 유산을 낭비할 권리가 없는 것이다.

그래서 하트윅 규칙을 적용해야 하는 공유지의 경우는 그 공유지에 부과한 부담금을 바로 다 배당해 버리지 말고, 이를 모아 공동부 기금Commons Fund을 조성하는 것이 옳다. 그리고 그 기금을 합리적으로 운용해서 나온 수익을 정기적으로 배당하는 것이다. 앞에서 살펴본 '알래스카 영구 기금'의 방식이다. 전 세계 60개 이상의 나라에 존재하는 '국부 펀드'도 알래스카와 같이 배당금이 있는 펀드로 전환할 수 있다.

이러한 커먼스 펀드는 정치적 개입에서 자유롭고 독립적이어야 한다. 민주적 통제 없이 정부가 선거 승리를 위해서 단기간에 함부로 배당하는 일 따위가 있어선 안 된다. 배당이 과하면 기금이 축소되면서 세대 간 공평의 원칙이 훼손될 것이다. 기금의 안정적 운용이라는 대원칙 아래 배당의 크기가 결정되어야 한다. 기금의 투자에 있어서도 분명한 원칙이 필요하다. 공유자들 스스로 배당의 규모를 늘리기 위해 지하자원의 채굴 속도를 높이고 공유지를 고갈하려는 유혹이 들 수도 있다. 따라서 기금의 운용이 생태적 가치를 견결하게 지킬 수 있도록 법 규정을 분명하게 명시해야 할 것이다.

모든 커먼스가 고갈되거나 재생 불가능한 자원은 아니다. 자연 공유지라 하더라도 적절하게 관리될 경우 영구적으로 재생 가능한 자원으로 남을 수 있다. 숲과 물 등이 그러하다. 인공 공유지는 상당수가 고갈되지 않는 특징을 가진다. 예컨대 빅데이터는 점점 커질 것이며 그곳에서 걷은 부담금을 다 쓴다고 해서 다음 해에 배당할 재원이 마르는 일은 절대 없다. 따라서 이런 커먼스의 경우는 꼭 기금에 넣어야 하는 것은 아니다. 커먼스 펀드에 넣어서 운용 수익의 일부를 배당할 것인지, 아니면 매년 걷어서 n분의 1로 분배할 것인지 공유자의 합의로 결정하면 될 것이다. 어떤 경우에건 배당은 기본소득의 원칙으로 보편적, 무조건적, 개별적으로 동일한 액수로 이루어져야 한다.

한편 고갈되는 지하자원이라고 해서, 수익이 크다고 해서, 무조건 개발을 하고 그 개발 수익의 일부를 기금화해서 미래 세대와 함께 나누려고 해서는 안 된다. 아예 개발을 하지 않는 것이 미래 세대와 진정하게 함께 나누는 길일 수도 있다. 셰일가스를 얻기 위한 프래킹fracking 즉 수압파쇄법이 대표적인 예다. 프래킹은 심각한 지하수 및 상수원 오염, 커다란 온실가스 배출, 지반 침하 혹은 지진 가능성을 야기하므로 하루빨리 금지되어야 한다. 셰일가스에서 나온 수익의 일부로 기금을 만든다면, 마치 원자력 수익의 일부를 다시 원자력 연구개발에 동원하는 원자력 기금처럼 셰일가스 채굴을 계속하고자 하는 수단으로 악용될 것이다. 프래킹 금지가 당장 정치적으로 어렵다면, 무거운 세금을 부과해서 점점 재생 에너지와의 관계에서 경쟁력을 잃게 만들어야 한다.

그러나 마땅한 지하자원도 없는데 어떻게 펀드를 시작할 수 있을까? 유의미한 크기의 펀드가 아니라면 운용 수익도 보잘것없을 것이다. 알래스카 영구기금에 대해서 말할 때 항상 돌아오는 반론은 비슷하다. 우리나라는 석유가 안 나는 나라라는 것이다. 산유국이 아니어도 복지 국가가 될 수 있듯이, 지하자원이 없어도 커먼스 펀드를 할 수 있다. 금융 자산과 부동산 등에 과세하여 기금의 출발점을 삼으면 된다. 과세의 방법으로는 상속세, 증여세, 보유세, 거래세 등 다양한 방법을 조합해야 할 것이다. 금융 인프라는 대표적인 커먼스이고 토지는 말할 것도 없다.

이렇게 자산 과세를 통해 커먼스 펀드를 시작한다면, 소득 불평등 뿐만 아니라 자산 불평등을 해소하려는 목적의 기금이 조성되는 것이다. 커먼스 펀드는 기본소득을 지급하는 지속 가능한 재원인 동시에, 사적인 부에 비해 공적인 부를 늘리는 전략으로 격상된다. 앞서 언급했듯이 심각한 자산 불평등의 해소는 작은 목돈을 청년들이 분산 소유하는 '기초자산' 방법으로는 해결되지 않는다. 그것은 '공유지분권' 방법과 '커먼스 펀드' 방식으로 해결 가능할 것이다.

자연 공유지를 오염시키는 행위에 대해서도 부담금을 부과해서 기금에 더할 수 있다. 대기를 오염시키는 행위에 대한 탄소세 부과는 기후 위기 시대에 선택이 아니라 필수다. 탄소세가 실효를 거두려면 높은 탄소세율이 필요한데 그 경우 서민의 상대적 부담이 커지는 역진성이 문제가 된다. 그래서 전술했듯이 탄소세로 걷은 재원은 반드시 배당을 해서 저소득층의 에너지 요금 부담을 줄여주어야 한다. 하지만 하트윅 원칙에서 볼 때 공유지 오염의 결과는 후세에게도 큰 영향을 주게 된다. 그런 의미에서 탄소세 재원의 일부는 즉시 배당하지 않고 커먼스 펀드에 넣어야 할 수도 있다.

환경 오염에 대한 교정은 강력한 금전적 부담을 지우는 것과 전면적 금지를 병행해야 한다. 항공기는 승객 1인당 탄소 배출량이 어떤 교통수단보다도 많은데, 항공기 이용 빈도는 개인의 재력에 비례한다. 부유층일수록 항공기를 많이 타므로 부담금을 많이 내게 된다. 국내 전용 공항을 폐쇄하고 특정 거리 이내의 항공 운행은 금지해야 함은 물론이다. 주로 부유층의 여행에 사용되는 크루즈 선 역시 엄청난 생태 파괴를 낳는다. 따라서 크루즈 운행에 대한 규제도 강화해야 하며 전면적으로 금지하기 어렵다면 강력한 부담금을 물려야 한다. 스카이라인을 훼손하고 있는 옥외 광고판과 설치물에도 부담금을 부과해서 커먼스 펀드에 추가해야 한다. 국립 공원 사용료도 국립 공원의 보존과 유지를 위한 비용 외에는 커먼스 펀드에 투입해야 한다.

자연 공유지 오염에 대해 교정 과세를 도입하는 것은 여러 번 언급했지만 배당액을 늘리기 위한 것이 아니다. 생태 파괴에 대한 재정적 억지력을 형성하여 공유지를 지키고 공유지 상실을 막는 효과를 가져오는 것이 목표다. 따라서 오염에서 나온 부담금의 수입이 점점 줄어들어 결국은 부담금 수입이 0이 되는 것이 목표다. 만약 오염 부담금을 바로 기본소득으로 배당하지 않고 커먼스 펀드에 투입했다면 미래에 오염 부담금 수입이 0이 되더라도 커먼스 펀드는 사라지지 않으므로 과거의 부담금은 펀드의 일부로서 미래에도 기본소득의 재원으로 기능할 것이다. 그것은 과거 세대가 자행한 환경파괴에 대해 미래 세대에 속죄하는 기념비로 남아 있을 것이다.

빅데이터 과세의 중요성

빅데이터야말로 앞으로 기본소득의 재원이 되어야 한다. 그렇다면 빅데이터 기반의 플랫폼 기업에게는 어떻게 과세할 것인가? 제조업 시대에 만들어진 법인세는 고정사업장permanent establishment이 있는 곳의 수익에 대해서 과세한다. 플랫폼 기업은 제도상의 허점을 이용하여 서버를 법인세율이 낮은 나라에 두고 엄청난 세금을 회피한다. 서버가 있는 곳이 고정사업장이라는 논리다. 이렇듯 법인세 시스템은 변화한 현실을 따라가지 못하고 있다. 예컨대 구글코리아의 매출 대부분을 차지하는 '구글플레이Google Play'의 매출은 서버가 있는 싱가포르의 '구글아시아퍼시픽' 매출로 잡혀 한국에서는 법인세를 내지 않는다. 법적으로도 구글코리아는 싱가포르 법인의 영업을 보조하는 지원 기구에 불과하며, 주식회사가 아니고 유한 회사라서 '주식회사 등의 외부감사에 관한 법률'이 개정되기 전인 2019년까지는 공시 의무도 없었다.

구글코리아는 2020년 최초로 영업 실적을 공개했는데, 2020년 구글코리아의 매출은 2201억 원이었고 영업 이익은 155억 원이었다. 2020년 네이버의 매출이 5조 3041억 원, 카카오의 매출이 4조 1568억 원인 것과 비교하면 이상하리만치 적다. 그 이유는 앞서 말했듯이 구글플레이 매출이 전부 빠져 있기 때문이다. 구글이 공개한 '매출'은 한국에서의 광고 수익만을 공개한 것이다. 구글플레이 국내 매출은 6조 원이 넘을 것으로 추정되지만 '한국에서의 매출'이 아니므로, 구글코리아는 2020년에 겨우 97억 원의 법인세를 냈다. 같은 해 네이버 한국 본사가 낸 법인세가 4633억 원인 것과 비교할 때 다국적 플랫폼이 얼마나 큰 규모로 탈세를 하는지 쉽게 알 수 있다.

애플코리아도 유한 회사인데, 방법은 다르지만 결론은 별반 다르지 않다. 애플코리아가 2020년 10월부터 2021년 9월까지 한국에서 거둔 매출은 금융감독원 전자공시시스템에 따르면 7조 971억 원이었다. 그런데 영업 이익은 고작 1114억 원밖에 올리지 못했다. 영업 이익률이 1.6퍼센트밖에 안

된다. 작년에 애플이 미국 증권 거래소에 제출한 보고서에 따른 전 세계 애플의 영업 이익률은 30퍼센트에 육박했다. 한국보다 18.6배가 높은 것이다.

어떻게 된 일일까? 애플코리아는 싱가포르 소재 법인 '애플 사우스 아시아'에서 애플 기기를 매입할 때 원가를 높게 잡는 식으로 한국 법인의 수익을 낮췄다. 매출 원가가 매출의 95.5퍼센트에 달한다. 쉽게 말해 100만 원 짜리 아이폰을 싱가포르 법인에서 사 올 때 96만 원을 주고 사 온다고 계약서를 만들어 매출액의 대부분을 싱가포르로 보내는 것이다. 그 결과 2021년 애플코리아는 한국에 법인세를 고작 629억 원밖에 안 냈다. 구글보다 더 냈으니 이만하면 훌륭하다고 박수쳐야 할 것인가?

그래서 국세청은 2019년 법인세법 개정에 따라 물리적 사업장이 없더라도 '활동 내용'에 따라 고정사업장이 있는 것으로 보고 2020년 1월 구글에 약 5000억 원의 법인세를 추징했다. 하지만 구글코리아는 일단 국세청에 법인세를 납부하고 나서 조세심판원에 불복 신청을 했다. 불복 신청이 기각되자 구글코리아는 행정 법원에 제소하여 공식적인 법적 다툼을 시작한 상황이다.

플랫폼 기업은 한국에서만 이런 행태를 보이는 것이 아니다. 구글이 네덜란드와 아일랜드 법인, 그리고 조세 피난처에 있는 페이퍼컴퍼니 사이에 수익을 주고받으면서 각 나라의 세법과 조세 조약을 악용해 세금을 회피하는 방법은 '더블 아이리시 위드 어 더치 샌드위치Double Irish with a Dutch sandwich'[43] 라는 풍자적 이름으로 알려져 있다. 이렇듯 막대한 수익에 비해 터무니없이 적은 세금을 내는 초국적 플랫폼 업체에 대한 과세의 필요성과 적절한 과세 방안에 대한 논의가 지속되어 왔다. 물리적 사업장 개념에 기초한 수익에 대해 과세하는 법인세로는 인터넷 망을 넘나드는 플랫폼 업체에 적절히 과세할 수 없기 때문이다. 이에 매출이 발생한 곳에서 매출액 대비로 과세하는 '디지털세', 일명 '구글세'의 방안이 검토됐다.

2021년 10월 OECD 주도로 글로벌 기업의 '소득 이전을 통한 세원 잠식Base Erosion and Profit Shifting · BEPS'에 대처하기 위한 새로운 글로벌 과세 룰에 대해서 136개국이 합의했다. 이 합의는 규정 내용에 따라 두 가지의 핵심을 '필라pillar'[44]라는 단어로 구분하고 있다. 먼저 2023년부터 글로벌 연결 매출액 200억 유로(27조 원) 이상이면서 영업 이익률이 10퍼센트를 넘는 글로벌 기업은 10퍼센트를 넘긴 초과이익 중 25퍼센트를 매출이 발생한 나라에 세금으로 나눠 내야 한다. 이것이 '필라 1'이다. 한국에 본사를 둔 기업으로는 삼성전자와 SK하이닉스가 이에 해당하며 국제적으로 100여 개의 업체가 해당할 것으로 추산된다. 또한 최저한세율 15퍼센트 제도를 도입하여, 다국적 기업에 대한 특정 국가의 실효 세율이 최저한세율보다 낮을 경우 그 기업은 기업의 본사가 있는 국가에 차액을 세금으로 내야 한다. 이것이 '필라 2'다.

이 조치로 법인세가 낮은 나라나 조세 피난처를 통해서 세금을 회피해 왔던 다국적 기업들의 세금 징수가 어느 정도는 가능해질 것으로 보인다. 다만 이를 통해 국가별로 조세 수입의 명암이 엇갈릴 수 있다. 일반적으로 과거보다 유럽권 선진국의 조세 수입은 늘어날 것으로 예상된다. 국내 언론에서는 이것을 '디지털세' 도입이라고 보도하고 있지만, 초과이익분에 대해서만 매출이 발생한 나라에 분산해서 세금을 낸다는 개념이므로 엄밀한 의미에서의 디지털세 도입은 아니다. 정확히는 디지털세 도입을 주장하는 유럽의 공세에 대한 미국의 대응으로서, 선진국 사이의 잠정 합의라고 보아야 할 것이다. 더 명심할 것은 이것은 거대 다국적 기업에 대한 글로벌 세제 도입이지 빅데이터에 대한 과세가 아니라는 점이다.

물론 고정사업장이 없더라도 매출이 발생한 나라에서 과세할 수 있다는 것은 조세 개념에 있어 일종의 발상 전환이다. 그러나 단지 선진국 사이의 조세 권한을 둘러싼 다툼을 넘어, 디지털화된 경제에서 빅데이터의 의미와 그에 대한 인류 전체의 몫에 대한 인식 전환이 필요하다. "빅데이터는 모두의 것"이라는 아이디어를 전파할수록 논의의 기회는 열릴 것이다. 그 과정에서 기본소득의 개념도 원칙적으로 '일국적' 개념이 아니라 '전 지구적' 개념이 될 수밖에 없다는 것을 깨달을 것이다. 전 지구적 기본소득이 가능하다면 커먼스 수탈에 앞장섰던 선진국에서 개발 도상국으로 소득을 재분배하게 된다.

소득세도 커먼스 과세

지금까지 커먼스 펀드를 통한 기본소득 아이디어에 대해서 살펴보았다. 공유지분권 설정을 통한 방식과 마찬가지로 공동의 자본을 형성하여 '배당' 방식의 기본소득을 실현한다는 구상이다. 자산 불평등에 대항하는 소유 구조 변동의 일환으로서 이 두 가지 안은 큰 의의가 있다. 그러나 금액의 크기를 고려하면 역시 기본소득의 가장 큰 부분은 소득에 대한 과세, 즉 '소득세'로부터 나올 것이다.

기본소득한국네트워크의 기본소득 로드맵에 따르면 2023년 월 30만 원 기본소득 안[45]에서 186.7조 원의 총 재원 중 소득세가 차지하는 비율은 42.6퍼센트에 달한다. 2023년 기본소득 안은 공유지분권과 공동부 기금의 구상은 포함하고 있지 않다. 공유지분권에 따른 배당과 화폐발행이익seigniorage을 포함한 2033년 월 91만 원 기본소득 안[46]에 따르면 총 재원 565.7조 원 중 소득세가 차지하는 비율은 38.4퍼센트에 달한다.

여기서 소득세는 기존 소득세와 달리 신설되는 것으로

서 기본소득 목적에만 사용하는 목적세로 도입해야 한다. 그래야 일반 재정과 섞이지 않고 조세 투명성이 보장될 것이기 때문이다. 이 소득세는 근로 소득세만을 의미하는 것이 아니다. 보통의 노동자들은 근로 소득 외의 소득이 없는 경우가 많으므로 소득세라는 말을 들으면 반사적으로 근로 소득세를 떠올리곤 한다. 하지만 소득세법에 따른 소득은 종합 소득(이자 소득, 배당 소득, 사업 소득, 근로 소득, 연금 소득, 기타 소득), 퇴직 소득, 양도 소득으로 구성된다. 기본소득 목적세로서 소득세를 신설할 때는 이 소득세 각 항목에 대한 세부적인 안이 세워져야 한다. 절대 근로 소득세만으로 재원이 채워지는 일은 없다. 따라서 소득세를 10퍼센트 더 걷는다고 근로 소득세가 10퍼센트 올라가는 일은 없다. 또한 근로 소득세가 5퍼센트 올라간다 하더라도 누진세제를 도입하면 인상의 효과는 모두에게 동일하지 않고 공정하게 나타날 것이다.

여기서 궁금한 점이 생긴다. 소득세는 커먼스와 무슨 관계가 있을까? 소득이 단순히 능력과 노력의 결과라고만 생각하면, 소득세는 이에 대한 처벌처럼 느껴질 수 있다. 소득세 과세를 불공정 과세라고 비난하는 사람도 있다. 하지만 사회적 통념과는 달리 초고소득자의 소득은 주로 근로 소득보다 자본 소득으로 구성되어 있고, 자본 소득의 비율은 점점 늘어나고 있다. 2016년 귀속 국세청 천분위 자료에 따르면 근로 소득 상위 0.1퍼센트의 근로 소득 평균은 6억 6005만 원인 것에 반해, 배당 소득 상위 0.1퍼센트의 배당 소득 평균은 8억 1768만 원이었다. 근로 소득과 배당 소득의 0.1퍼센트가 동수의 사람으로 구성된 것은 아니지만 고소득층의 배당 소득의 규모를 엿볼 수 있는 자료다.

이 자료는 '종합 소득' 통계이므로 부동산 매매 차익과 같은 양도 소득은 빠져 있고, 종합 소득에 미포함되어 '분리과세'된 이자 소득, 배당 소득 등도 빠진 것이라 고소득층의 자본 소득은 이보다 훨씬 더 클 것이다. 특히 고공 행진을 계속해 온 부동산 가격의 추이를 생각할 때 부동산 불로 소득은 엄청난 액수가 될 것이다. 이를 고려하면 간혹 주요한 개혁 과제로 제시되는 '최고 임금제'의 한계가 드러난다. 기업이나 공공기관 임원의 보수 상한액을 정하자는 최고 임금제는 흔히 '살찐 고양이법'으로 불리는데, 전혀 의미가 없는 것은 아니겠지만 고양이는 이미 근로 소득만으로 살찌고 있는 것이 아니라는 점을 잊고 있다.

2020년 기준으로 정기 급여와 성과급만으로 가장 많은 연봉을 받은 사람은 엔씨소프트의 김택진 대표이사로 그 금액은 184.1억 원에 달한다. 하지만 이 많은 연봉도 자본 소득에 비하면 적다. 김택진 대표이사는 2020년 주식에 따른 현금 배당만으로 224억 원을 넘는 돈을 받았다. 2019년부터

'무보수'로 일하고 있는 삼성전자 이재용 부회장은 어떨까? 2021년에만 배당 소득을 2577억 원 수령했다. 배당의 근거인 주식 지분은 제일모직과 삼성물산의 합병 과정에서 탈법·편법을 위해 국민연금까지 동원되어 만들어졌다. 이 점을 고려할 때 이재용 부회장의 경우는 그 자본 소득의 정당성이 더욱 취약하다.

소소한 자본 소득은 개인의 노력과 성실함의 결과일 수 있다. 일체의 자본 소득을 백안시해선 안 된다. 하지만 이재용 부회장의 2000억 원이 넘는 배당 소득은 관련 회사 소액 주주들의 피해, 국민연금에 돈을 꼬박꼬박 입금해 온 모든 국민들의 피해로 만들어진 결과로서 사실상 거대한 '공유지 수탈'의 결과이다. 따라서 그에 대한 과세는 커먼스 과세로 보아야 한다. 부동산 양도 소득이 천정부지로 치솟은 우리나라에서 양도 소득에 고율 과세하고 부동산 보유세를 신설하는 것은 공정한 나라를 만드는 데 있어서 필수적이다. 토지라는 커먼스를 통한 과다한 수익에 과세하는 것은 당연하다.

자본 소득은 그렇다 쳐도 근로 소득 등 소득 일반은 어떨까? 근로 소득은 주로 능력과 노력의 결과이므로 그에 대한 과세는 선함에 대한 처벌이 아닐까? 앞서 인용한 국세청 천분위 자료에 따르면 소득 평균을 상위 1퍼센트까지 확장할 때 배당 소득보다 근로 소득이 더 많다. 이러한 근로 소득은 개인이 가진 성실함의 징표가 아닐까? 1978년 노벨 경제학상 수상자인 허버트 사이먼Herbert A. Simon은 그렇게 생각하지 않았다.

> "대부분 소득의 차이는 자본 소유의 차이에서 기인하는데, 그 중 가장 큰 부분이 지식, 친족 관계와 기타 특권적 사회관계와 같은 사회적 자본의 차이다. ...... 소득 차이의 주요한 원천인 사회적 자본의 접근은 대체로 외부성의 산물이다. ...... 사회 전체 구성원들의 집합적 소유로 간주되어야 할 이 외부성의 크기는 얼마나 되는가? ...... 미국이나 북서 유럽과 같은 부유한 사회에서 사회적 자본은 소득의 90퍼센트 이상을 만들어낸다고 결론 내려진다. 그러므로 도덕적 관점에서 볼 때 우리는 90퍼센트의 소득세를 걷어 사회적 자본의 실제 소유자들에게 그 부를 돌려주라고 주장할 수 있다. 미국에서라면 70퍼센트의 비례세만 거둬도 전체 세금의 절반으로 모든 정부 지출을 충당하고 그 나머지만으로도 모든 주민에게 연간 8000달러, 즉 3인 가족에게 2만 5000달러의 유산을 지급할 수 있다."[47]

허버트 사이먼의 주장은 곱씹어볼 필요가 있다. 소득 차이는 외부성에 기인한다. 그리고 그 외부성의 핵심은 지식과 관계 등의 '사회적 자본social capital'인데, 그것은 만인의 것이다. 따라서 소득세를 걷어서 만인에게 나눠주는 것은 사회적 자본의 실제 소유자에게 되돌려주는 셈이다. 사이먼의 주장은 기본소득이 '공짜로' 주는 것이라든가, 일도 안 했는데 주는 불로 소득이라는 비판에 대한 정면 반박이다. 기본소득은 커먼스의 실제 소유자인 커머너에게 정당하게 소득을 귀속시키는 행위다. 세상에 정말로 공짜로 주는 게 있다면 부모로부터 물려받는 사적 상속, 그러니까 숱한 자본 소득일 것이다. '모두의 몫을 모두에게' 귀속시키는 것을 '공돈'이라 비판하는 사람이 있다면, 사적 상속과 자본 소득 역시 부정해야 마땅하다.

물론 개인의 소득 중 외부성의 크기가 90퍼센트인지 70퍼센트인지 정확하게 가려내는 방법은 없다. 하지만 외부성, 즉 소득을 얻은 개인의 성과로 귀속할 수 없는 부분이 있다는 점은 분명히 인정해야 한다. 남보다 좋은 환경, 교육, 운, 도움을 준 사람들, 이런 것이 전부 외부성이다. 이 외부성이 자본 소득의 차이도 낳고 근로 소득의 차이도 낳는다. 이 외부성을 인정할 수 있다면 기본소득은 당연한 것이다. 개인의 노력과 성과보다 사회적 자본, 즉 커먼스가 먼저 존재했으니 인과 관계를 따지면 기본소득이 개인의 소득보다 우선한다. 기본소득이 개인 소득에 대한 과세로 재원이 마련된다고 할 때 기본소득은 마치 개인 소득의 '재분배'처럼 보이지만 실제로는 '선先분배'다. 모두의 몫을 개별적인 모두에게 조건 없이 돌려주고 난 이후에야 성과에 따른 분배가 가능하기 때문이다.

기본소득은 노동의 성과에 따른 분배와 충돌하지 않는다. 개인이 기여한 노동에 대한 몫을 개인에게 돌려주듯이, 특정 개인에게 배타적으로 귀속시킬 수 없는 외부성, 거기에 기초하는 공통의 몫을 모두에게 분배하는 것이다. 따라서 기본소득이 도입되면 한 사회의 개인이 갖는 소득은 개별적 성과에 따른 '조건적' 소득인 시장 소득과 사회 구성원으로서의 '무조건적' 소득인 기본소득의 합이 될 것이다.

8 기본소득의 지속 가능성

기후 위기 시대의 기본소득

녹색 운동은 1970년대 이래 기본소득의 최대 지지자였다. 1970년대 말 영국생태당British Ecology Party은 당 강령에 기본소득을 포함한 유럽 최초의 정치 단체다. 지금 이 당의 이름은 잉글랜드웨일스녹색당Green Party of England and Wales이고 꾸준히 기본소득을 당 강령에 가지고 있다. 잉글랜드웨일스녹색당은 2019년 총선 공약으로 2025년까지 모든 주민에게 최소 주급 89파운드(14만 원)의 기본소득을 지급할 것을 내걸었다. 오래된 기본소득 지지 정당인 핀란드 녹색연맹Green League도 2019년 총선 공약으로 월 600유로(80만 원)의 기본소득을 제시했다. 캐나다 녹색당은 보장생활소득Guaranteed livable Income이란 이름으로 기본소득을 핵심 공약으로 하고 있다. 그 외에도 스코틀랜드, 아일랜드, 미국, 뉴질랜드, 프랑스, 독일 등의 녹색당이 기본소득을 강령 혹은 주요 정책으로 가지고 있으며, 한국 녹색당도 2012년 이래 예외 없이 기본소득을 총선 및 지방선거의 공약으로 삼았다.

하지만 네덜란드의 녹색좌파당GroenLinks, 스위스 녹색당, 벨기에의 프랑스어 정당 에콜로Ecolo와 네덜란드어 정당 흐룬Groen 등에서는 당원들 사이에 기본소득에 대한 지지가 엇갈린다. 유럽을 대표하는 녹색당인 독일의 '동맹 90/녹색당Bündnis 90/Die Grünen' 역시 과거 당 대회에서 기본소득 강령이 여러 번 부결된 적이 있다. 그러다가 2020년 11월 22일에 당 대회에서 기본소득Grundeinkommen을 당 강령에 포함하는 개정안을 62퍼센트의 지지로 통과시켰다. 강령에는 "숨겨진 빈곤은 극복된다. 이와 함께 우리는 조건 없는 기본소득의 지도 이념을 지향한다"로 명확히 기본소득이 명시되어 있지만, 독특하게도 정책안에는 선별 복지 정책이 포함되었다. 근로 요건은 강요하지 않지만 자산·소득 심사를 거쳐야 수혜자가 될 수 있는 '보증보장Garantiesicherung'이 통과된 것이다. 왜 녹색 정치에서 기본소득이 논쟁의 대상이 되는 걸까?

기본소득은 소비주의를 조장해 탄소 배출을 늘리나?

1972년 앙드레 고르츠André Gorz는 '탈성장décroissance, degrowth'이란 개념을 처음 제시했다. 그의 말을 인용하면 "지구의 균형을 이루기 위해서는 물질 생산에서 무성장, 나아가 탈성장이 필수 조건이다." 지구는 더 이상 무한한 성장을 감당할 수 없다. "경제 성장이 여전히 인간의 복지를 증진할 수 있고 여전히 물리적으로 가능하다고 상상하는 것이야말로 현실주의가 결여"[48]된 것이다. 그런데 탈성장을 위해서는 소비를 줄여야 한다. "요점은 더 많은 소비를 억제하는 게 아니라 덜 소비하는 것이다. 미래 세대를 위해 남아 있는 자원을 보존하는 다른 길은 없다."[49] 소비는 한마디로 '성장이라는 모터'의 핵심 부품이다. 소비는 더 많은 생산을 추동하고, 더 많이 생산된 재화는 더 많은 수요를 유발한다는 점에서 소비는 성장의 기관차다. 이 악순환을 끊으려면 의식적인 소비 거부가 필요한데, 생태주의 관점에서 이것은 문명의 쇠퇴가 아니라 더 높은 질을 갖춘 삶의 이행으로 이해된다.

바로 이 지점에서 기본소득에 대한 생태주의 진영 일부의 우려가 발생한다. 더 많은 소득이 더 많은 소비를 야기하고, 더 많은 소비는 더 많은 온실가스 배출로 이어지지 않을까 하는 우려다. 기본소득을 지급하면 총수요가 증가하여 소비주의의 확산으로 이어지게 되고, 결과적으로 기본소득은 기후 위기를 가속하는 반생태적 기획이 될 수 있다고 생각하는 것이다. 이것이 사실이라면 기본소득은 '탈성장'의 수단이 아니라 '경기 회복'의 수단이 되며, 총수요를 자극하여 성장의 동력을 만들어내는 21세기형 케인스주의가 될 수 있다. 과연 기본소득은 기후 위기를 가속할 것인가?

우려의 논리는 이렇다. 기본소득은 전 사회적인 재분배 계획으로 저소득층의 '처분가능소득disposable income'을 증대시킨다. 사회 전체의 부의 총량은 변화가 없다. 한쪽에 쌓여 있던 부를 좀 더 골고루 나누는 것이다. 그런데 저소득층은 고소득층보다 '한계 소비 성향'이 크다. 한계 소비 성향은 소득이 늘어날 때 증가하는 소비 증가분의 비율을 말한다. 쉽게 말해

한 명의 부자가 1000이란 수입이 추가로 생겼을 때 예를 들어 400을 소비한다면 한계 소비 성향은 0.4다. 하지만 저소득층은 돈이 없어서 소비를 하지 못했을 뿐 소비 잠재력은 높다. 그래서 만약 이 1000을 100명에게 10씩 나눠 주어 각자가 9까지 소비하게 된다면 한계 소비 성향은 0.9가 된다. 정리해 보면 전자의 경우는 총소비가 400, 후자의 경우는 총소비가 900이므로 기본소득을 주면 총소비가 늘어나서 큰일이 나겠다는 고민이 생기는 것이다.

하지만 소비의 질적 측면과 동태적 변화를 고려하지 않는 이러한 양적 비교는 주류 경제학 인식의 근본적인 한계를 보여준다. 다음은 국제구호개발기구 '옥스팸Oxfam'이 가계의 소비로 인해 직간접적으로 배출되는 온실가스lifestyle consumption emissions와 소득 불평등 사이의 연관 관계를 표시한 그림이다. 사람들이 사는 제품과 먹는 음식, 생활 방식과 이동 수단, 이용하는 서비스 등에 따라 탄소 배출이 어떻게 이루어지는지 표시하는 것이다. 예를 들어 중국의 공장에서 옷을 생산했다 하더라도 이 옷을 미국의 베벌리힐스Beverly Hills에서 입는다면, 이 옷과 관련된 탄소 배출은 베벌리힐스에 사는 사람이 책임져야 한다. 이렇게 생산이 아닌 소비에 따른 탄소 배출을 파악하는 이유는, 다양한 소득 격차에 따른 사람들의 실제 '탄소발자국carbon footprint'[50]을 파악하는데 훨씬 유용하기 때문이다.

소득 수준에 따른 탄소 배출량 추이

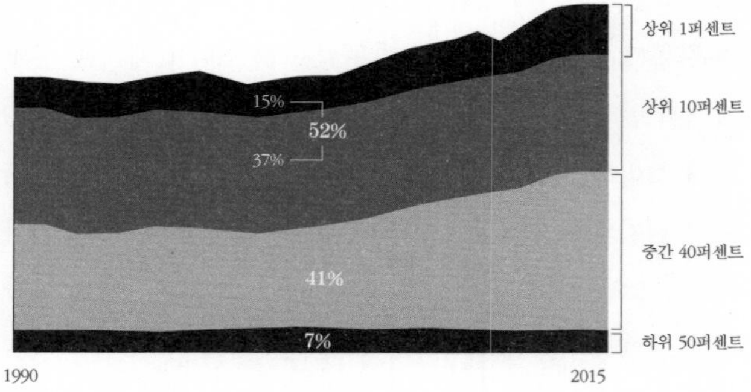

* Confronting Carbon Inequality, Oxfam Media Briefing, 2020.9.21

그림을 보면 소득 불평등Income Inequality을 곧 탄소 불평등Carbon Inequality이라고 할 만하다. 1990~2015년의 25년간 세계 소득 상위 10퍼센트가 지구 온실가스 배출의 52퍼센트에 책임이 있다. 연간 순소득 3만 8000달러 이상인 6억 3000만 명에 해당하는 사람들이다. 소득 하위 50퍼센트의 온실가스 배출량을 다 더해도 지구 전체 배출량의 7퍼센트밖에 안 된다. 연간 순소득 10만 9000달러 이상인 소득 상위 1퍼센트는 전체의 15퍼센트에 해당하는 온실가스를 배출하여, 소득 하위 50퍼센트를 다 더한 배출량보다 두 배 이상을 배출했다. 부자들은 비행기를 훨씬 많이 타고 개인 비행기와 요트도 탄다. 자가용을 많이 타고 SUV 같은 탄소 고배출 차량을 몰고, 고기도 많이 먹으며 옷도 자주 산다. 여기서 한계 소비 성향이 높고 낮은 것이 문제가 아니라는 점을 알 수 있다. 생활의 필수적 욕구를 넘어선 소비는 과시성 소비conspicuous consumption 및 지위재positional goods 소비로 이어지는데, 이러한 소비일수록 단위당 탄소 배출량이 훨씬 크다.

따라서 '기후 위기 대응을 위해서 소비를 줄여야 한다'는 것은 평면적이고 무차별적인 말이다. 상위 10퍼센트, 그중에서도 상위 1퍼센트의 소비를 대폭 줄이는 것이 핵심이다. 옥스팸은 부자의 탄소 배출을 줄이고 가난한 사람들을 지원하기 위한 네 가지 방책을 제시하고 있다. 첫째, 부자에게 더 많이 과세하라. 둘째, 사치성 제품과 서비스에 더 많은 부담금을 부과하고 건강과 돌봄, 교육, 주거 등 사회 보장에 더 많은 재원을 투입하라. 셋째, 대중교통 확대와 에너지 효율 제고 등 저탄소 프로젝트에 더 투자하라. 넷째, 탄소를 많이 배출하는 사치품에 대한 공중 광고를 금지하라. 특히 사회 보장의 강화는 개별적으로 소비해야 하는 물품과 서비스의 발생 자체를 원천적으로 줄이므로 사회 전체의 물질적 소비와 낭비를 줄일 수 있게 해준다.

기본소득 등의 소득 재분배 정책으로 가난한 사람들의 소비 능력이 높아진다면 배출 가스가 크게 증가하지 않을까

공룡 모양을 한 탄소 배출량 증가 추이

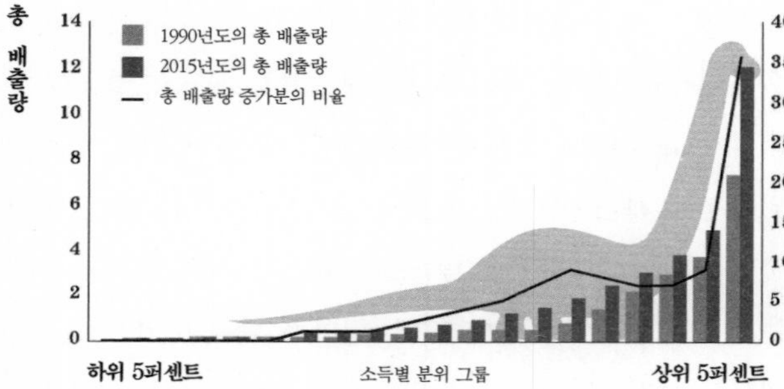

* Oxfam, <Oxfam Media Briefing>, 2020.09.21

우려하는 사람들이 있다. 이런 생각은 여러 면에서 잘못되었다. 그림이 가리키듯 25년간 지구의 탄소 배출은 60퍼센트가량 증가했다. 그 사이 중국과 인도 같은 나라에서 수억 명의 사람들이 극심한 빈곤에서 벗어나 중산층이 되었고 그들의 탄소 배출도 늘어났을 것이다. 그런데 놀랍게도 중국과 인도가 비약적 산업 발전을 이루기 이전인 1990년에 상위 1퍼센트와 10퍼센트였던 사람들의 탄소 배출 비율은 25년이 지나도 그대로다. 이것은 빈곤층과 중간층의 생활 개선과 관계없이 탄소 배출의 주범은 언제나 초부유층이라는 것을 말해 준다. 초부유층의 소비를 억제할 생각을 하지 않고 빈곤층과 중간층의 탄소 배출 증가를 우려하는 것은 위선적이다.

이것은 소득분위별 탄소 배출 '비율'만이 아니라 해당 25년간의 탄소 배출 '절대량'의 변화와 관련해서도 분명하다. 왼쪽 도표는 소득분위를 5퍼센트씩 20분위로 나누어 1990년의 탄소 배출량과 2015년의 탄소 배출량을 비교한 것이다. 도표의 모양은 공룡 브라키오사우루스의 모습을 띠고 있다. 도표의 왼쪽에 있는 소득 하위 25퍼센트까지는 탄소 배출량이 25년간 전혀 늘지 않았다. 소득분위 중위층은 '1인당' 탄소 배출량이 가장 많이 늘었지만, 탄소 배출 '절대량'의 증가는 상위 5퍼센트에서 엄청나게 일어났다는 것을 알 수 있다. 따라서 이 상위 5퍼센트의 '과소비 능력'을 감소시키는 것이 기후 위기 대응에 가장 중대한 과업임을 알 수 있다.

마지막으로 사회 정의의 관점에서 볼 때 저소득층과 중산층의 처분가능소득을 늘리면 탄소 배출이 늘어난다고 비판하는 것이 옳은지 자문해야 한다. 왜 극소수 1퍼센트, 혹은 상위 10퍼센트의 고소득자만 탄소 배출의 권리를 가지고 있는가? 지구 빈곤층의 탄소 배출이 25년간 제자리걸음을 했다는 것이 그들 모두가 자원순환형 생활을 했기 때문인가? 이는 그들이 극심한 빈곤 상태에서 벗어나지 못했다는 것을 말해 주는 것이다. 오히려 '기후 정의'의 관점에서 본다면 빈곤층의 탄소 배출은 약간 늘어나되 부유층의 탄소 배출은 크게 줄어드는 것이 진정한 정의일 것이다.

옥스팸의 자료에 따르면 지난 25년간 소득 하위 50퍼센트 이하의 탄소 배출량이 만약 실제 배출한 것보다 2배 많았다 가정해도, 최상위 1퍼센트가 같은 기간 동안 늘린 탄소 배출량보다 적다. 바꿔 말해 소득 하위 50퍼센트의 소득이 두 배 늘어나 그것이 전부 탄소 배출량 증가로 귀결된다 해도, 그 소득 증가가 최상위 1퍼센트에 대한 과세를 통해 재분배된 결과라면 지구에 가해지는 부담은 더 적다는 뜻이다. 최상위 1퍼센트를 넘어 모든 사람에게 소득 능력에 따라 폭넓게 과세한다면, 부유 정도에 따라 과세가 차별화될 것이고 지구에 가해지는 부담은 훨씬 더 적어질 것이다. 이것이 기본소득의 과세 방식이다. 결국 기본소득은 소비주의를 조장하는 것이 아니라 소비주의의 폐해를 줄이기 위한 전제다.

물론 기본소득 지급만으로 지구 전체의 탄소 배출량을 0으로 만들 수는 없다. 기본소득은 원래 '배출 제로zero emission'를 위한 정책이 아니므로 그걸 못하는 것이 기본소득의 결점일 수는 없다. 우리가 확인해야 할 것은 '소득 불평등을 개선하는 것이 바로 탄소 배출을 개선하는 길'이라는 것이다. 또한 기본소득 지급으로 실질적 자유가 증대하게 되면 환경적으로 책임 있는 선택을 할 가능성이 커진다는 점도 중요하다. 인도네시아의 저소득층이 생계를 위해 삼림을 남벌하고 있었는데, 그들에게 현금 지급 정책을 실시했더니 삼림 남벌이 30퍼센트가량 줄어들었다는 보고가 있다. 빈곤층의 환경 파괴 행위가 있다면 그 원인은 대부분 빈곤이다. 빈곤과 싸우는 길이 지구를 지키는 길이다.

탈성장과 기본소득

'탈성장'을 처음 제시한 앙드레 고르츠는 기본소득이 탈성장의 중요한 요소임을 직시했다. 탈성장이 무엇이기에 기본소득과 연결되는 걸까? 탈성장은 한국에서 인지도가 낮다. 혹은 '러다이트 운동'과 같은 과격주의로 오독되기도 한다. 성장이라 하면 보통 GDP 성장을 말하는 경우가 많으므로 탈성장을 곧 GDP 감소로 생각하고 공포를 느끼는 경우도 많다. 정말 그럴까? 오독은 GDP에서부터 시작한다.

> "탈성장은 GDP를 줄이는 것에 관한 것이 아니다. 경제의 물질과 에너지 처리량을 줄여 생명 세계와 균형을 이루도록 되돌리는 것, 그러면서 소득과 자원을 더 공정하게 배분하고, 사람들을 불필요한 노동에서 해방시키며, 사람들이 번영하는 데 필요한 공공재에 투자하는 것에 관한 이야기다. …… 탈성장 경제는 성장을 필요로 하지 않는다."[51]

국내 총생산GDP은 오랫동안 성장주의 도그마를 유지하는 도구가 되어 왔다. GDP의 전신은 국민 총생산GNP이다. GNP를 1934년에 개발한 경제학자 사이먼 쿠즈네츠Simon Kuznets는 대공황을 겪으며 하나의 숫자로 경기 변동을 표현할 방법을 구하고자 했다. 그와 동시에 GNP를 복지를 측정하는 수단으로 이용하면 안 된다고 강조했다. 창시자의 조언에도 불구하고 GNP가 증가하면 마치 국민의 삶이 개선되는 것 같은 지배적 관념이 형성됐다. 소련이 붕괴한 1991년 미국은 GNP를 GDP로 바꾸었는데, 우연의 일치치고는 절묘하다. GNP가 GDP로 바뀜에 따라 '초국'적 기업이 구공산권이나 개발 도상국에서 영업을 했을 때, 그 성과가 그 나라의 국'내' 총생산으로 잡히면서 그 나라의 경제 성장이 이루어진 것 같은 수치적 착각이 일상화되기 시작했다.

이것 외에도 GDP는 수많은 문제를 가지고 있다. 일단 가치 판단이 부재하다. 이혼을 많이 하고 전쟁이 빈발하고 범죄가 발생하고 환경 파괴가 일어나면 GDP가 증가한다. 게다가 가사 노동과 자원봉사 활동 등 시장에서 임금으로 환산되지 않는 비非시장 노동은 아무리 가치 있는 일이라 하더라도 수치에 잡히지 않는다. 또한 GDP는 소득 분배에 대한 어떤 정보도 없다. 미국 대통령 존 케네디의 동생이자 법무부 장관이던 로버트 케네디Robert Kennedy는 GDP가 측정하는 것은 "삶을 가치 있게 만드는 것을 제외한 모든 것"이라고 일갈하기도 했다.

GDP 증가가 갖는 의미가 그렇다면, 애초에 GDP 감소도 특별한 의미가 없다는 것을 알 수 있다. 탈성장은 GDP 감소가 아니며 세상의 작동 원리를 바꾸는 아이디어다. GDP 감소는 환경적 압력이 감소하는 신호는 될 수 있지만 지속 가능성에 대한 어떤 정보도 되지 못한다. 또한 GDP 감소는 사회 진보에 대한 어떤 정보도 없다. 그래서 경제학자들은 GDP 대신 대안적 지표를 개발하려고 노력해 왔다. 그러나 단 하나의 대안적 지표를 구성하는 건 불가능하다. 삶의 다양한 측면을 반영하여 다양한 생물·물질적 지표(에너지 소비량, 생태발자국 등)와 사회적 지표(건강, 노동 시간, 빈곤율 등)를 연계할 수밖에 없다.

2010년 바르셀로나에서 열린 '생태적 지속성과 사회적 공정을 위한 제2차 탈성장 회의'에서는 탈성장을 위해서 필요한 요소들이 제시됐다. 커먼스, 즉 공동자산의 확대, 지역화폐 도입과 불환 지폐의 폐지, 노동 시간 단축과 자원 활동의 확대, 빈집 이용과 공동 주택의 확대, 기본소득과 최고소득, 천연자원 개발의 제한과 생물학적 다양성 확보, 쓰레기 줄이기, 메가시티 반대, 자동차 중심 도시에서 자전거·걷기 도시로의 전환, 공공장소의 광고 금지 등이 그것이다. 기본소득은 최고소득(특정 소득액을 초과한 구간에는 세율 100퍼센트를 부과하는 방안)과 함께 탈성장의 조건으로 제시되었다. 최고소득이 함께 시행되면 기본소득 수령자와 소수 '갑부'로 구성된 신종 계급사회를 예방할 수 있을 것이다. 기본소득은 '소득 바닥income floor', 최고소득은 '소득 천장income ceiling'으로 작용하는 것이다.

사실 기본소득이 세계적으로 언급되는 것 자체가 성장주의 시대가 끝났다는 신호다. 성장의 과실 분배에 참여하는 방식으로 임금 상승이 보장되던 시대에는, 노동자는 성장을 위해서 열심히 노동할 것이 권장되었다. 성장주의와 노동주의의 결합은 자본주의건 공산주의건 다르지 않았다. 다만 분배의 룰을 정함에 있어 자본주의는 노동조합의 투쟁이 상수였고, 공산주의는 국가가 룰을 정해준다는 것이 달랐을 뿐이다. 기본소득은 소득과 노동의 연결고리를 끊어 '성장과 소득 보장의 성스럽지 못한unholy 관계'에 종지부를 찍기 위한 시작이다.

성장주의가 저물면서 기본소득이 대두되었다면, 역으로 기본소득은 분배를 개선하고 소득 불평등을 완화하여 성장주의를 약화한다. 전체 파이의 분배가 불평등할수록 파이 자체를 키우려는 성장주의의 유혹이 커진다. 성장의 부스러기라도 건질 수 있기 때문이다. 하지만 파이를 크게 만들려는 경제는 생태적 임계점에 도달하는데, 그 증거가 기후 위기다. 따라서 앙드레 고르츠가 말했던 "성장 없는 평등", 즉 탈성장의 평등을 추구해야 한다. 고르츠는 기본소득을 그 방안으로 제시한 것이다. 더 평등하게 분배할수록 성장주의의 함정에서 벗어나기 쉬워지기 때문이다.

기본소득이 탈성장의 주요 요소이고 성장주의를 약화할 힘이 있긴 하지만, 그 힘이 발휘되려면 몇 가지 조건이 결합해야 한다. 기본소득이 탈성장에 기여하려면 첫째로 기본소득의 액수가 "인간다운 삶과 존엄, 사회적, 정치적, 문화적 참여에 충분한 액수"로 '충분한' 혹은 '해방적' 기본소득이 되어야 한다. 기본소득의 액수가 작다면, 노동에 대한 협상력이 증대하고 원치 않는 노동을 거부할 수 있는 노동자의 권력이 강해지기보다는 노동 유연화의 조건만을 성숙시킬 가능성이 크다. 작은 액수의 '부분' 기본소득으로 시작하더라도 이른 시일 내에 국민적 합의 수준을 높여 의미 있는 액수의 기본소득으로 끌어올려야 탈성장에 다가설 수 있다.

둘째로 앙드레 고르츠는 기존의 '사회적 배치'가 그대로인 상태에서 부분 기본소득이 도입된다면 기본소득은 해방적이지 않고 기존의 사회적 배치를 강화할 것이라고 우려했다. 그래서 기본소득 도입과 함께 노동 시간의 단축과 여가 시간의 확장, 자발적 활동 및 공동체 노동의 확대가 동반되어야 한다고 강조했다. 기본소득은 "자율적 영역"에서 다양한 생태적 활동으로의 이행을 위한 '존재적 평정'을 줄 것이라 고르츠는 역설했다.

셋째, 기본소득스페인네트워크 부대표인 다비드 카사사스David Casassas는 보건의료, 교육, 주거, 돌봄 등을 시장에서 구매하는 상황 속에서의 기본소득은 '신자유주의적 기본소득'으로 변질될 수 있음을 경고했다. 기본소득은 반드시 사회서비스의 공공성 강화와 결합해야 탈성장을 위해서 소기의 목적을 다할 수 있을 것이다.

마지막으로 교육 개혁이 필요하다. 생산주의·소비주의의 틀을 벗어나는 협동적·대안적·비자본주의적 생활 양식의 함양이 요구된다. 돈이 생겨도 이전과 다르게 살아갈 방법을 알지 못하다면, 확장된 여가 시간은 낡은 소비주의적 생활 양식으로 채워질 것이다. 고르츠가 말한 자율적 영역에서의 다양한 생태적 활동을 위해서는 교육이 필수적이다.

탄소세의 비결, 생태배당

2019년 1월 16일 《월스트리트저널》에 '탄소 배당Carbon Dividends에 대한 경제학자들의 성명 – 기후 변화와 싸우는 법에 관한 초당적 합의'가 발표되었다.[52] 성명에는 27명의 노벨 경제학상 수상자를 비롯해 3589명의 미국 경제학자가 참여했다. 성명은 다섯 가지의 정책 권고를 담고 있는데, 기후 위기 극복을 위한 방안으로 탄소세의 효율성을 압축적으로 잘 설명하고 있다. 일부만 살펴보자.

> ① 탄소세는 필요한 규모와 속도로 탄소 배출량을 줄이기 위해 비용 대비 효율이 가장 좋은 수단이다.
> ② 탄소세는 배출량 감축 목표가 충족될 때까지 매년 높여야 하며, 정부 규모에 대한 논란을 피하기 위해서는 재정 수입에 중립적이어야 한다. 탄소 가격이 지속적으로 상승한다면 기술 혁신과 대규모 인프라 확충을 고취할 수 있을 것이다.
>
> (…중략…)
>
> ⑤ 탄소세 상승의 공정성과 정치적 지속 가능성을 극대화하기 위하여, 재정 수입 전액을 동일한 액수로 모든 미국 시민에게 직접 되돌려 주어야 한다. 가장 취약한 사람들을 포함하여 미국 가계의 대다수는 에너지 가격 상승으로 지불하는 것보다 '탄소 배당'을 더 많이 받게 됨으로써 재정적으로 이익을 얻게 될 것이다.

경제학자들은 가장 중요한 점을 지적했다. 탄소 배당의

목표는 두 개, 탄소세 상승을 지속하기 위한 것과 탄소세로 인해 고통을 겪을 경제적 약자에 대한 보호이다. 탄소 배당을 해야 공정성과 정치적 지속 가능성이 극대화된다. 탄소세를 부과하면 탄소를 배출하는 물품과 서비스의 가격이 당연히 오를 수밖에 없다. 이것은 중산층 이하에게 큰 고통을 준다. 따라서 탄소세를 크게 올릴 수 없고, 탄소세를 크게 올릴 수 없다면 탄소세의 원래 목표인 온실가스 감축에 큰 기여를 할 수 없다. 그에 반해 탄소세로 걷은 세금을 동일 액수로 생태 배당한다면, 과소비 부유층은 탄소세로 내는 것이 배당액보다 많고 경제적 약자는 탄소세로 내는 것보다 배당액이 많게 되므로, 재분배 효과도 생기고 경제적 약자들이 탄소세 인상을 반대하지 않게 된다.

탄소세를 반대하는 사람들

가끔 탄소세를 반대하는 일부 생태주의자들은 탄소세가 온실가스 감축에 기여하지 못한다는 것이 역사적으로 증명되었다고 주장한다. 하지만 그것은 탄소세의 문제점이 아니라 '생태 배당이 없는 탄소세'의 문제점이다. 탄소세를 부과하는 전 세계 수십 개 나라 중에 그 세수를 배당으로 직접 돌려주는 나라는 스위스밖에 없다. 스위스가 탄소세율을 10년 만에 여덟 배로 올릴 수 있었던 원동력이 배당이다. 탄소세율이 수직 상승한 스위스는 탄소세를 부과한 난방용 연료 소비를 크게 줄이는 데 성공했다. 2018년 난방용 연료 사용이 1990년 대비 28.1퍼센트 감소한 것이다. 탄소세로 온실가스 감축 효과가 없었던 나라, 탄소세를 크게 올릴 수 없었던 나라는 반드시 위 경제학자들의 권고와 스위스의 사례를 교훈 삼아 배당을 결부시켜야 한다.

독일 녹색당도 2021년 선거를 앞두고 탄소 배당 정책을 수용했다. 독일은 현재 이산화탄소 환산톤[53]당 25유로의 탄소세를 시행하고 있다. 2025년에 55유로로 올리도록 예정되어 있는데 독일 녹색당은 2년을 앞당긴 2023년에 60유로로 올리자고 주장한다. 이런 탄소세 수직 상승을 가능하게 하는 것은 당연히 탄소세 세수를 개인에게 환급하는 정책이다. 독일 녹색당은 이것을 '에너지 돈Energiegeld'이라 부른다.

탄소세를 '시장주의적' 문제 해결 방식이라고 비난하는 사람들도 있다. '시장주의적' 온실가스 감축 방안이 그동안 실패했다고 비판할 때, 사실 그것은 '온실가스 배출권 거래제Emissions Trading Systems · ETS'를 말하는 경우가 많다. 정부가 경제주체들, 주로 기업에게 배출허용총량cap을 설정해 주고 그 범위 내에서 온실가스를 배출할 수 있는 권리permit를 할당하게 된다. 배출권은 기업들 간에 거래trade할 수 있다. ETS는 개념에서부터 문제가 있다. 기업이 탄소를 배출할 '권리'가 있고 그 권리를 할당받거나 심지어 구매할 수 있다는 말은, 배출권을 구매할 여력이 있다면 무한정 탄소 배출을 할 수 있다는 논리로 연결된다.

더 큰 문제는 정부의 무상 할당이다. 우리나라도 ETS를 2015년부터 시행 중인데, 2015년 525개 업체로 시작하여 2020년에는 609개 업체까지 확대되었지만 탄소 배출 감축에 아무런 역할도 하지 못했다. 무상 할당이 2018~2020년 사이에는 전체 할당액 중 97퍼센트, 2021~2025년에도 90퍼센트로 설정되어 있기 때문이다. 기업의 국제 경제력을 운운하며 정부가 기업들에게 무상 '오염권'을 준 셈이다. 탄소세는 이와 다르다. 탄소세를 부과하기 시작한 순간부터 예외는 있을 수 없다. 배당을 결합하면 날개를 달게 된다. 배당과 결합하여 온실가스 감축에 중요한 역할을 할 수 있는 탄소세를 시장에 기반한market-based 정책이라는 이유로 수용하지 않으려는 태도는 이데올로기적 경직성에 가깝다. 기후 위기에 대응할 수 있는 것이라면 시장적 방법이건 비시장적 방법이건 가리지 말아야 한다.

온실가스 배출 감축을 위해서는 탄소세와 같은 시장적 해결 방식 외에도 공급의 '금지'와 같은 직접적 규제 조치가 필요하다. 꼭 필요한 금지 조치를 몇 가지 열거해 보면 다음과 같다.

- 내연 기관 자동차 금지
- 단거리 비행기 운행 금지
- 석탄·LNG 발전 금지
- 1회용 플라스틱·비닐 사용 금지
- 에너지 낭비 신규 건물 금지
- 공장식 축산의 금지
- 생태 파괴적 기술의 금지

우리나라에는 아직 탄소세가 없지만 '교통·에너지·환경세'라는 세금이 있다. 2020년 기준으로 세수가 13조 9000억 원으로 우리나라에서 네 번째로 많이 걷히는 세목이다. 하지만 재원의 80퍼센트는 도로, 철도 등 교통 시설 특별 회계로 사용되어야 하는 목적세다. 교통 인프라 확충이 더 이상 필요 없는 상황에서 세수 상당 부분이 예치금으로 남아 있다. 이제 교통·에너지·환경세를 보내고 탄소세로 바꿔야 할 때다. 교통·에너지·환경세는 유류 1리터당 종량세로 부과하지만, 탄소세는 이산화탄소 환산량carbon dioxide equivalent[54]에 대해 부과한다.

탄소세의 장점은 온실가스가 배출되는 모든 지점, 에너지 채굴, 산업 생산, 운송, 유통, 소비, 폐기물 처분의 모든 과정이 과세 범위에 포함된다는 것이다. 탄소세는 탄소세로 인해 가격이 높아진 상품의 시장 경쟁력을 떨어뜨리고 최종적으로는 시장에서 몰아내기 위한 '교정 과세corrective tax'다. 단점은 배출권 거래제에 비해 탄소 배출 총량에 대한 규제 기능이 없다는 것이다. 그래서 탄소세율을 국가 온실가스 감축 목표NDC와 연동하여 탄력적으로 조정해야 하며, 전년도 감축 목표를 달성하지 못했을 경우에는 세율을 대폭 올리는 방향으로 설계해야 한다. 이때 배당이 동반되어야 실행이 가능하다는 점을 한 번 더 강조한다. 탄소세를 위해 배당이 있는 것이지, 배당을 위해서 탄소세를 부과하는 것이 아니다.

탄소세는 찬성하지만 배당은 반대?

앞에서 탄소세를 반대하는 사람들을 만났다면 이번에는 탄소세를 찬성하는 사람들을 만날 차례다. 탄소세는 좋은데 배당은 반대하는 사람들이다. 탄소세를 통해서 걷은 세금을 재생에너지나 그린 리모델링 즉 친환경 주택 개량 등에 투자하자는 것이다. 유럽 녹색당에서 기본소득을 반대하는 사람들이 자주 이런 입장을 취한다. 탄소세를 재원으로 한 생태배당이 '기본소득 방식'으로 지급된다 하더라도 일반적인 기본소득 범주에 포함될 수 없다는 점을 명심해야 한다. 거칠게 말해 기본소득을 반대한다 해도 생태배당까지 반대해서는 안 된다.

왜냐하면 이미 설명한 이유로 인해서 배당이 없는 방식

으로는 탄소세를 획기적으로 올릴 수 없기 때문이다. 더 중요한 것은 경제적 약자에 대한 고려가 없다는 것이다. 배당과 결합하지 않은 탄소세는 서민층을 녹색 전환의 반대자로 전락시킬 것이다. 그 결과 유럽 일부에서 볼 수 있듯이 녹색당이 중산층의 정당으로 변모할 위험성이 있다. 녹색당은 '지구만 걱정하고 서민은 걱정하지 않는' 정당처럼 비치게 되는 것이다.

탄소세 세수를 배당이 아닌 녹색 전환 기금으로 쓰면 어떨까? 모두를 위한 녹색 전환에 따르는 비용을 저소득층이 상대적으로 더 과중하게 부담한다는 문제가 생긴다. 숫자로 예를 들면 100만 원 버는 사람이 3만 원을 탄소세로 추가 부담하게 되었고 1000만 원 버는 사람이 20만 원을 탄소세로 추가 부담하게 되었다 할 때, '세액'으로는 부자가 탄소세를 더 많이 냈지만 소득 대비 전자는 3퍼센트, 후자는 2퍼센트의 탄소세를 낸 것이다. 그 얘기는 녹색 전환을 위한 세금이 부자에게 세율이 높은 누진세가 되기는커녕 가난한 자의 '세율'이 높은 역진세로 편성되어 있다는 뜻이다. 탄소세의 재원을 가지고 녹색 전환 비용으로 쓰자는 주장은, 결국 지구를 지키기 위해 가난한 사람의 고혈을 더 짜야 한다는 말과 같다.

기후 위기 시대에 녹색 전환 기금은 절대적으로 필요하다. 하지만 이것은 탄소세 같은 목적세가 아니고 일반 재정에서 나와야 한다. 일반 재정의 가장 큰 세원은 우리나라 기준에서 소득세와 법인세인데, 이 둘은 누진세다. 공정성을 담보하기 위해 누진세로 걷어서 지구와 뭇 생명을 위한 일에 써야 하는 것이다. 헌법에 기후 정의를 명시하고, 기후 정의를 위한 법을 제정하여 재정의 특정 비율을 녹색 전환에 사용할 수 있게 해야 한다.

반대로 역진세로 걷은 탄소세는 배당을 해야 역진성이 없어지고 지속 가능한 목적세로 기능하게 된다. 물론 전액을 다 배당하지 않고 스위스처럼 일부는 녹색 전환 기금으로 사용할 수도 있다. 스위스는 세수의 삼분의 일은 건물과 주택의 개량 사업에 사용한다. 탄소세의 목표가 무엇인지 국민에게 시그널을 주기 위해 세수의 일부는 그렇게 설계할 수도 있다. 하지만 대부분의 세수는 배당으로 쓰여야 한다. 그것이 훨씬 중요한 시그널이다. 탄소세는 경제적 약자를 희생시키지 않는다는 시그널 말이다. 탄소세는 탄소 배출이 줄지 않는 한 계속 올라갈 것이다.

마지막으로 기본소득과 생태배당, 토지배당 등 성격이 다른 제도를 한데 섞어 기본소득의 전체 지급액을 표시하는 방식은 피해야 한다. 기본소득은 늘어날수록 좋은 것이지만, 탄소세 생태배당과 토지 보유세 토지배당은 줄어들수록 좋은 것이다. 특히 생태배당은 없어지는 것이 가장 이상적이다. 셋을 섞어서 표현하면 액수를 키워 보일 순 있겠지만 국민에게 나쁜 시그널을 주게 된다. 현금 수급액을 늘리기 위해서 탄소를 더 배출하거나 부동산 투기가 더 일어나기를 바라는 것은 언어도단이 아니겠는가?

노동주의의 종언과 기본소득

19세기에 자본주의가 제 모습을 갖추기 시작한 이래 사회주의는 자본주의의 모순을 해결할 대안으로 여겨졌다. 제정 러시아의 혁명가 블라디미르 레닌Vladimir Lenin은 마르크스 이론에 대한 혁명적 해석을 기초로 1917년 세계 최초로 사회주의 혁명을 성공시켰다. 한때 기세를 올렸던 소련 중심의 세계 사회주의 체제는 1991년에 몰락했고, 더 이상 바람직한 사회 대안으로 거론되지 않는다. 서유럽의 사회주의는 소련 체제와 구별하여 '사회 민주주의' 혹은 '민주 사회주의' 등으로 불렸는데, 20세기 노동자의 삶을 크게 개선했지만 20세기 말 영국 총리 토니 블레어Tony Blair와 독일 총리 게르하르트 슈뢰더Gerhard Schrder의 '제3의 길'을 거치면서 신자유주의 체제의 부속물로 전락했다.

근대 문명의 쌍생아, 자본주의와 사회주의

사회당, 노동당, 사회민주당 등의 이름을 가진 유럽의 사회 민주주의 정당은 원래 노동조합으로 조직된 정규직 노동자들의 정당이었다. 하지만 생산 구조가 변화하면서 비정규직, 계약직, 임시직, 파견직, 파트타이머가 양산되고 내부에서는 실업자, 외부로부터는 이주자들이 급증하면서 이 당들이 대변하는 노동자들은 점점 노동자 계급의 일부가 되어갔다. 조직된 정규직 노동자들은 사회 체제 내에서 중간층을 형성하게 되고 그 아래에 위에 언급한 광범위한 '프레카리아트precariat'층이 존재하는 구조가 되었다. 프레카리아트는 '불안정한'의 뜻을 가진precarious와 '프롤레타리아트proletariat'의 합성어로서 1980년대 프랑스 사회학자들이 처음 사용하기 시작했는데, 가이 스탠딩이 《프레카리아트: 새로운 위험한 계급》이란 책을 쓰고 나서 세계적으로 널리 쓰이게 되었다.

노동자 계급은 이제 안정적 화이트칼라인 '샐러리아트salary+proletariat', 또한 전문 기술자 집단에 해당하는 '프로피시언professional+technician', 전통적 육체노동자인 프롤레타리아트, 그리고 그 아래에 프레카리아트가 존재하는 중층적 구조로 변모했다. 원래 프롤레타리아트 정당이었던 사회 민주주의 정당들은 여기서 프레카리아트를 중심으로 하는 '더 낮은 곳'으로 전환하지 않고 그 위에 있는 샐러리아트와 프로피시언을 포섭하는 전략으로 이행했다. 바로 그것이 '제3의 길'의 본질이었다. 사회 민주주의 정당이 이처럼 중산층 정당으로 변모하자, 프레카리아트는 자신을 대변할 정치 세력을 찾을 수 없는 상황에서 민족주의적, 배외주의적 극우 정당들에 포섭되어 가고 있는 현실이다. 영국의 영국독립당, 프랑스의 국민전선, 독일의 '독일을 위한 대안AfD', 오스트리아 자유당, 이탈리아의 오성운동, 그리스의 '황금새벽당' 등 각국의 극우 정당은 유럽 정치의 상수가 되었다.

사회 민주주의 정당들은 왜 프레카리아트 쪽으로 이동하지 못하고 고소득 노동자 쪽으로 이동한 것일까? 원인을 한두 가지로 설명할 수는 없을 것이다. 가장 근원적인 사유 구조 하나를 들면 개인적으로는 '노동주의'를 꼽는다. 마르크스 이론에 따르면 '가치'를 창조하는 것은 노동자의 '살아있는 노동'이다. 물론 원자재나 기계 같은 생산 수단도 상품의 가치에 기여한다. 하지만 생산 수단에서 상품으로 넘어가는 가치는 '이전'되는 것이지 창조되거나 증식되지 않는다. 더구나 이 생산 수단은 과거의 살아있는 노동이 체현된 것, 즉 '죽은 노동'이다. 결국 환원해 보면 모든 가치의 연원은 노동이며, 노동으로 환원되지 않는 '최초의 자본 축적'은 인클로저와 같은 폭력적 수탈로 이루어졌다.

노동이 가치의 유일 원천이며 최초로 존재한 자본은 폭력으로 생겼다면 자본가 '계급'은 존재 이유가 없어지게 된다. 레닌주의는 그것을 직접 실행했다. 서유럽의 사회 민주주의는 그걸 말하기는 하되 실천으로서는 유예했다. 노동자의 분배 몫이 더 커져야 한다는 이론적 명분으로 '노동가치설'을 활용하다가 어느 순간부터는 말도 하지 않게 되었다. 둘은 달라 보이지만 공통점이 있다. 노동이 가치 있는 것이라는 말은 곧 생산이 가치 있는 것이라는 뜻이며, 비생산적인 것, 즉 노동 과정에 투입되지 않는 것은 근본적으로 '기생적'인 것이 된다. 가치 및 잉여 가치를 생산하는 노동은 '생산적 노동'이고 돌봄이나 가사 노동은 '비생산적' 노동이 된다. 화이트칼라 샐러리아트는 생산적 노동자인 반면, 프레카리아트인 실업자는 자본주의 축적 과정의 폐인, 즉 '산업예비군'에 불과하다. 이런 생각은 모든 사회 구성원이 사회의 '공동의 부'에 대한 권리를 가지고 있다는 기본소득의 생각과 완전히 다르다.

노동을 가치의 유일 원천으로 보는 생각은 인간 중심주의로도 설명된다. 카를 마르크스에 따르면 "노동은 우선 무엇보다도 인간과 자연 사이의 한 과정, 다시 말하면 인간이 자기 자신의 행위를 통해 인간과 자연 사이의 물질대사를 매개하고 규제하며 통제하는 한 과정이다."[55] 인간 중심주의에서 자연은 인간의 물질대사의 대상에 불과하다. 자연은 인간 노동의 가공 대상이다. 마르크스의 저작에서 군데군데 생태적 통찰이 엿보이기도 하지만 그것은 주요한 요소가 아니다. 자본주의와 공산주의는 모두 인간 노동을 찬양했다. 자본주의는 사적 소유가 근면한 노동의 결과라고 정당화했고, 공산주의는 근면한 노동자에게 '노동 영웅' 칭호를 주었다. 생산력 향상을 위한 체제 경쟁에서 자연 파괴는 '부수적 피해collateral damage'에 지나지 않았다. 자본주의뿐만 아니라 지금은 사라진 공산주의에서 대규모적 생태 파괴가 이루어진 것은 우연이 아니다.

앙드레 고르츠는 지구의 균형은 자본주의와 양립할 수 없다고 보는 동시에 '탈성장'의 개념을 수용하지 않는 사회주의자들도 공박했다. "성장 없는 평등에 관한 고민을 거부하는 급진론자들은 '사회주의'가 자본주의의 연장임을 증명하는 것"이라고 고르츠는 일갈했다. 유럽에서 사회주의자와 보수주의자는 생산주의의 기조 아래 '성장 동맹'의 파트너로서 성장의 몫을 누가 더 많이 가져갈 것인가를 둘러싸고 분쟁했을 뿐이다. 유럽의 사회주의자에게 분배 개선이란 '노동의 몫'을 늘리는 것이었다. 마르크스는 《고타 강령 비판Kritik des Gothaer Programms》에서 공산주의의 낮은 단계를 '능력에 따라 노동하고, 노동에 따라 분배받는' 사회로 그렸다. 사회주의자에게 분배의 권리는 노동에서 나온다. 이런 생각은 노동과 무관하게 모두가 모두의 몫을 분배받을 권리가 있다는 기본소득의 생각과 완전히 다르다. 기본소득은 노동과 소득, 생산과 소득의 고리를 끊어야 한다고 본다.

소련을 위시한 동유럽 공산주의도 유럽 사회주의와 근본적으로 다르지 않았다. 노동은 권리로 선언되었지만 그 이전에 의무였다. 열심히 노동하는 것이 사회주의 인민의 고결한 책무였다.

> "스스로 선택한 유익하고 사회적인 활동 분야에서의 양심적인 노동과 노동 규율의 엄수는 노동 능력을 가진 개개의 소련 시민의 의무이고 명예이다. 사회적으로 유익한 노동의 기피는 사회주의 사회의 원칙과 상용되지 아니한다."
>
> -소비에트 사회주의 공화국 연방 헌법 제60조

'더 많이 노동하고 더 많이 생산하라'. 자본주의와 사회주의는 성장주의 근대 문명의 쌍생아다. 인간과 자연을 분리하여 인간의 자연 지배를 정당화했던 이성 중심적, 인간 중심적 사고를 극복해야 기후 위기 시대를 이겨낼 수 있다. 인간은 생태계의 일부로서 상호관계를 맺는 한 요소에 불과하다. 인간 중심주의를 극복하기 위해서는 노동이 가치를 만든다는 '가치론'에서 벗어나야 한다. 노동만이 아니라 자연이 만드는 부, 인간의 관계와 협동이 만드는 부, 인간과 인간, 인간과 자연의 상호작용이 만드는 부, 커먼스의 지위를 제대로 인식해야 한다. 이러한 패러다임의 변화는 새로운 분배 원리로서 기본소득을 전면화하는 첫걸음이다.

이것은 노동에 따른 분배를 포기하라는 말이 아니다. 노동의 몫을 늘리려는 싸움이 무의미하다는 뜻도 아니다. 노동조합 조직화가 필요 없다는 주장도 아니다. 이것을 포함하여 노동 운동의 전략이 전환·확장되어야 한다는 것이다. '노동의 몫'을 늘리려는 싸움과 함께 '모두의 몫'을 늘리려는 싸움을 함께 해야 한다는 것이다. 하지만 유럽의 노동 운동과 마찬가지로 한국의 노동 운동도 '모두의 몫'을 늘리려는 기본소득 운동에 대해서 부정적인 자세를 고수하고 있다. 프레카리아트 확산에 대해 노동 운동은 프레카리아트의 '노동자성'을 인정받아 프롤레타리아트에 포함시키고 '노동 3권'을 따내며 사회 보험의 일원으로 포함하는 전략으로 일관하고 있다.[56] 물론 이 전략은 부분적인 승리를 거두기도 했다. 다만 그럼에도 불구하고 '노동의 몫'은 끊임없이 감소하고 있다. 그것은 21세기 자본주의 경제가 확고하게 그러한 추세로 가고 있기 때문이다.

지식재산생산과 사후적 해소

다음은 '지식재산생산Intellectual Property Products·IPP'이 늘어남에 따라 노동소득분배율Labor Share·LS[57]이 얼마나 떨어지고 있는지 보여주는 그래프다. 위에 있는 그래프는 지식재산생산을 제

지식재산생산이 노동소득분배율[57]에 미치는 영향(미국)

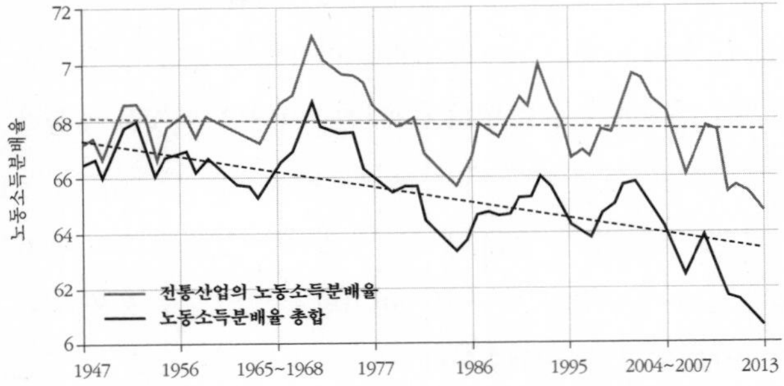

* Dongya Koh, 〈Labor Share Decline and Intellectual Property Products Capital〉, Econometrica, 88(6), 2020.11.20.

외한 전통적인 제조업이나 서비스업 등에서의 노동소득분배율 추이인데, 지난 60여 년간 미세하게 떨어지고 있다. 즉 전통적인 산업에서의 노동소득분배율은 큰 변동이 없다는 뜻이다. 그런데 지식재산생산을 포함한 노동소득분배율 추이를 보여주는 '총합Aggregate'은 급격히 떨어지고 있다. 지식재산생산만의 노동소득분배율을 표시한 것이 아니라 지식재산생산과 전통 부문을 합친 값인데도 하락이 가파르니, 지식재산생산만을 표시한다면 더 급격한 감소 추세를 보일 것이다.

플랫폼 등 지식재산생산은 전통적인 업종에 비해 투자된 자본이 노동을 대체하는 효과가 훨씬 크다. 따라서 지식재산생산에 종사하는 개별 노동자의 임금이 높다 하더라도 전 사회적인 노동 소득의 비율은 떨어질 수밖에 없다. 노동 개념을 중심으로 한 분배 정의 구현 시도가 계속 실패하는 이유는, 피케티가 말했듯 자본 소득의 증식이 노동 소득을 항상 추월하거니와 국민 총소득 내에서 노동 소득이 차지하는 비율이 계속 떨어지고 있는 산업의 구조적 변화 때문이다.

이러한 추세에 대해서 '한국개발연구원KDI'은 보고서[58]에서 다음과 같이 발표했다.

> "유형 자본(기계류)이 1퍼센트 증가하면 노동소득분배율은 0.13퍼센트포인트 상승하지만, 지식자본(소프트웨어)이 1퍼센트 증가하면 노동소득분배율이 0.01퍼센트포인트 하락하는 것으로 추정됨 ...... AI, 빅데이터 활용, IoT 등 무형 자본의 발달로 나타나는 최근의 기술 개발은 향후 노동 소득분배율의 하락 ...... 요인이 될 가능성 ...... 이 과정에서 예상되는 자본 소득과 노동 소득 간의 격차는 사후적으로 해소할 필요"

여기서 "사후적으로 해소"하는 방법으로 자본 소득에 과세하여 기본소득으로 분배하는 것이 가장 유력함은 앞에서 수차례 언급한 바 있다. 지식생산 업종 내의 노동자가 노동의 몫을 개선하는 임금 투쟁을 벌이더라도 전 사회적인 격차를 해소하긴 어렵다. 개별 노동자의 임금이 상승하더라도 지식 자본의 고용 효과가 전통적 자본에 비해 작기 때문에 자본 소득의 증가율을 따라갈 수 없는 것이다. 따라서 지식 자본의 수익에 과세하고 기본소득을 지급하여 '모두의 몫'을 늘리려고 하지 않는다면 점점 줄어드는 '노동의 몫'을 상쇄할 방법이 없다.

사회주의자들은 기본소득이 분배 구조만을 건드릴 뿐 생산 구조를 바꾸려고 하지 않는다고 비판한다. 이 비판은 두 가지 점에서 틀렸다. 지식 자본이 엄청난 이익을 거두는 것은 인류 '공동의 부'인 빅데이터의 독점적 활용과 밀접한 관련이 있다. 즉 이것은 생산 과정에서의 '착취exploitation'가 아니고 '경제적 지대' 수익이다. 시장에서 발생하는 지대 수익의 재분배를 꾀하는 것을 '분배 구조'를 건드리는 것이라 비판하고 생산 과정 내의 착취율 개선에만 관심을 두는 것은 이데올로기적 경직이며 사회운동가로서 임무 방기다. 둘째로 기본소득은 공유지분권과 커먼스 기금을 통해 생산 구조의 전환을 이루려고 한다. 국유화만이 생산 구조의 전환이 아니다. 국유화가 곧 사회주의도 아닐 뿐만 아니라 기간산업 범위를 넘어선 국유화는 또 다른 문제를 만들어낸다는 것이 이미 입증되었기 때문이다.

녹색 운동은 사회주의 정당들보다 더 성장의 물질적 한

계를 인식하며, 만인의 완전 고용을 유의미한 사회적 목표로 보는 전통적 노동자주의보다 개방적으로 세상의 문제에 접근할 수 있다. 녹색 운동은 만인의 진정한 자유를 원하며, 할 만한 일과 자유롭게 쓸 수 있는 여가 시간에 대한 주권을 더더욱 바란다. 기본소득의 도입은 경제 성장주의, 노동주의, 생산주의에서 벗어날 수 있게 돕는다는 점에서 생태적 전환에 친화적이다. 기본소득은 녹색 운동이 원하는 자유와 시간 주권을 늘려 줄 것이다. 버니 샌더스를 위시한 미국의 사회 민주주의자들은 최근 자신을 '사회주의자'로 지칭하고 있지만 그들이 제시하는 '연방 일자리 보장'은 사회주의의 전통적 개념에 따르면 '임금 노예'를 창출하는 계획이다. 실업이 만연하는 세상에 일자리의 중요성을 부정하고자 함이 아니다. 하지만 분명하게 말할 수 있다. 그것은 사회주의자들의 이상이 아니다.

기본소득은 인플레이션을 부를까

기본소득을 주면 인플레이션이 오지 않을까 우려하는 사람들이 있다. 쉽게 말해 이것은 '도루묵' 논리다. 기본소득을 받아 구매력이 커지면 당장은 좋겠지만 물가 상승 압력이 생기게 되고, 총수요의 증가는 가격에 다 반영되어 버리므로 결국 실질 구매력은 원래 상태로 복귀하게 된다는 얘기다. 다수의 소득이 증가하면 구매력이 커지고 이렇게 총수요 증가로 인해 물가가 오르는 경험은 많은 사람에게 친숙하다. 예컨대 최저 임금이 오르니까 밥값이 오른다는 경험 말이다.

하지만 이것은 착시일 수 있다. 최저 임금은 지속적으로 올랐다. 그런데 최저 임금이 오를 때마다 밥값이 계속 올랐는가? 꼭 그렇진 않다. 더 중요한 것은 물가는 밥값만으로 구성되는 것이 아니라는 것이다. 최저 임금이 올랐다고 기름값이나 아파트값이 올랐는가? 아니다. 오히려 2022년 러시아가 우크라이나를 침공해서 기름값이 폭등했다. 최저 임금은 약간밖에 오르지 않았는데 말이다.

보통 '생활 물가'에 속하는 식료품 가격은 다른 품목에 비해서는 소비자의 처분가능소득에 민감하게 반응한다. 하지만 우리나라의 소비자 물가지수는 509개 품목을 대상으로 하지만, 생활 물가지수는 154개의 기본 생필품을 대상으로 할 뿐이다. 생활 물가지수와 소비자 물가지수는 반드시 일치하지 않는다. 또한 생활 물가지수라 해도 처분가능소득과 같은 수요 요인보다 글로벌 공급망 차질이나 국내 생산 격감 같은 공급 요인에 더 긴밀하게 연동되어 있다. 즉, 비용 상승으로 인한 인플레이션이 많은 것이다.

그런데도 사람들이 최저 임금 때문에 물가가 올랐다는 말을 많이 한다면 그것은 최저 임금 인상을 반대하는 세력들이 여론에 영향을 미친 결과일 가능성이 높다. 기본소득을 주면 물가가 오를 것이라는 말도 비슷한 정치적 동학이 작용한다. 총수요의 증가가 물가 상승의 원인이 될 때, 경제학 교과서는 그것을 '수요견인demand-pull 인플레이션'이라 부른다. 하지만 수요견인 인플레이션은 단기 인플레이션이다.

기본소득의 재원이 조세 수입에 의한 것이라면 경제 내의 통화량에는 변동이 없다. 기본소득은 고소득자로부터 저소득자에게로 화폐의 분포 상태를 바꿀 뿐이다. 그 결과 저소득층과 중간층이 주로 소비하는 생활필수품의 가격이 일시적으로 오를 것이다. 하지만 가격이 오르면 해당 상품의 공급이 증가하고 가격은 조정된다. 대신 부자들이 쓰는 사치품과 지위재의 수요는 감소할 것이다. 기본소득은 건전한 방향으로 경제의 체질을 바꿀 것이다. 결론적으로 조세를 재원으로 한 기본소득은 한 국가 내의 상품별 공급과 수요의 변동을 초래할 뿐이며 전체 물가를 지속적으로 상승시킬 수 없다.

인플레이션의 원인에 대해 모두가 동의하는 이론은 없다. 하지만 물가와 가장 밀접한 관련을 갖는 경제 현상이 화폐 공급의 증가라는 점에 대해서는 많은 사람이 공감한다. 경제 규모가 커지면 거래액도 커지고 따라서 거래를 매개하는 화폐 공급량도 늘어나는 것이 일반적인 경향이다. 평균 물가상승률과 평균 통화량 증가율 사이에는 뚜렷한 양의 상관관계가 오랫동안 존재해 왔다. 밀턴 프리드먼은 이를 압축해서 표현했다. "인플레이션은 언제나, 어디서나 화폐적 현상이다."

기본소득의 재원이 화폐 공급량을 늘리는 것에서 온다면 이러한 기본소득은 인플레이션을 만들어 낼 수 있다. 아니 거꾸로 인플레이션을 만들기 위해 화폐 발행에 의한 기본소득 제도를 시행할 수 있다. 글로벌 금융 위기 이후 코로나 사태가 벌어지기 전까지 전 세계의 많은 경제학자는 고의로 인플레이션을 만들어내야 한다고 주장했다. 경기 회복을 위해 각국 정부는 '양적 완화quantitative easing'라 불리는 통화 공급 정책을 사용했는데 그 결과 주식 등 자산 시장만 폭발했을 뿐 실물 경제는 여전히 디플레이션 위기에 처해 있었기 때문이다. 오히려 양적 완화가 아니라 기본소득을 지급하는 것이 낫다는 견해들이 등장하기 시작했다. 실제로 코로나 이후 각국 정부는 엄청난 규모의 국채를 발행하여 화폐량을 늘리고 국민에게 직접 재난지원금을 지급했는데, 그 결과 많은 나라들이 인플레이션으로 돌아섰다. 이 형태의 기본소득에 대해서도 후술하겠다.

마지막으로 기본소득 시행으로 부자가 조금 덜 부유해지고 가난한 사람이 조금 더 살만해지면 인플레이션이 일어나 가난한 사람이 더 어려워진다는 주장이 정말 사실이라면, 이 체제는 존재할 이유가 없다. 뒤집으면 인플레이션이란 재앙을 막으려면 가난한 사람은 계속 가난하게 살아야 하고 부자는 계속 부를 세습해야 한다는 말 아닌가? 결국 '기본소득은 인플레이션을 일으킨다'고 주장하며 기본소득을 반대하는 사람들은 의도하지 않게 '현 체제는 불의의 체제'라고 동네방네 떠들고 있는 것임을 깨달아야 할 것이다.

조세 외의 재원 조달 시나리오

2장에서 우리는 증세 혹은 감세가 가지는 의미에 대해서 자세히 살펴보았다. 하지만 여전히 세금에 대한 대중들의 인식을 바꾸는 건 쉽지 않다. 이에 따라 조세 수입을 근거로 사회 구성원 모두에게 나누어 주는 기본소득 아이디어의 지속성에 대한 우려가 있는 것이 사실이다. 따라서 조세 수입에 더하여 기본소득의 재원을 마련하는 방안에 대한 많은 논의가 진행되었다.

먼저 기초자산제 논의에서 다루었던 '공유지분권'이다. 특히 에너지 전환과 디지털 전환 등 생산 구조의 격변에 즈음하여 대규모 국가 재정 투자가 필요한 이 시점에서 공유지분권 논의를 널리 확산하는 것은 매우 중요하다. 또 하나는 앞 장에서 자세히 다루었던 '커먼스 기금'이다. 커먼스 활용에서 나온 수익에 부담금을 물려서 그것을 기금화하고 그 기금 운용에서 나온 수익을 배당 재원으로 활용하는 것이다. 절박한 기후 위기 대응 차원에서도, 빅데이터의 중요성이 점점 커지는 현실 속에서도, 세대 간 평등을 추구한다는 점에서도 이 방안은 매우 중요한 의미가 있다.

마지막으로 바로 앞에서 말한 인플레이션 문제와 깊은 연관이 있는 방안이다. 중앙은행의 발권력을 활용해 화폐 발행을 늘리고 그것을 재원으로 기본소득을 지급하는 것이다. 그냥 들어서는 다소 놀랄만한 말이다. 이 방안을 설명하려면 짚어야 할 몇 가지 일들이 있다.

위기의 2008년과 양적 완화

2008년 글로벌 금융 위기 이후 경기 침체가 지속되자 미국 등 선진국은 정책금리를 계속 내려 경기 활성화를 도모했다. 전통적인 통화 정책의 상식에 따르면 금리를 내리면 통화량이 증가하여 경기가 부양되고, 금리를 올리면 통화량이 감소하여 경기 안정을 꾀하게 된다. 그런데 금리를 내리고 내려 금리가 0퍼센트가 되었는데도 경기가 회복될 기미가 보이지 않고 디플레이션 위기가 계속됐다. 금리를 0보다 아래로 내릴 방법은 없으므로 전통적인 통화 정책이 불가능한 상황이었다. 미국 등 선진국은 2001년 일본이 '잃어버린 10년'의 경기 침체를 타개하고자 실시한 '양적 완화quantitative easing'라는 비전통적 기법을 사용하기 시작했다.

양적 완화는 중앙은행이 국채, 지방채, 주택담보부증권

MBS, 심지어 회사채에 이르기까지 금융 기관이 보유한 자산을 거대한 규모로 매입하여 금융 기관에 유동성을 공급하는 정책이다. 미국은 양적 완화를 총 4회 실시했는데, 양적 완화 이전 중앙은행의 자산 보유액은 7000~8000억 달러 정도였지만 3차 양적 완화가 끝나는 2014년 10월경 그 규모가 4조 5000억 달러에 달했다. 1~3회 동안 한화로 4000조 원이 넘는 양적 완화가 단행된 것이다. 4차는 코로나 사태 이후였다.

양적 완화가 과연 효과가 있었는지는 논쟁적이지만, 글로벌 금융 위기 이후의 디플레이션 수렁을 벗어나는 데는 도움이 되었다는 것이 일반적인 인식이다. 하지만 그 부정적 효과는 어마어마했다. 실제로 시중에 투입된 자금은 기업의 투자와 가계의 소득 증가에 기여하지 못하고 대부분 증권과 부동산 시장으로 유입됐다. 이는 주가와 부동산 가격을 급등시켰다. 자산 보유자와 미보유자 사이의 소득 불평등도 극적으로 커졌다. 2012년 영국 은행 보고서에 따르면 양적 완화로 인한 이익의 40퍼센트를 상위 5퍼센트가 독식했다. 한편 양적 완화는 기후 위기에도 일조했다. 유럽 중앙은행과 스위스 국립 은행 등은 특히 회사채 구매를 많이 했는데 이것은 사실상 공해 기업에 보조금을 준 셈이다.

양적 완화의 대안

양적 완화가 결과적으로 투기 수요만을 자극해 자산·소득 불평등을 더 강화하는 결과를 빚자, 중앙은행이 민간 은행 등 금융 기관에 화폐를 공급하는 양적 완화 방식이 아닌 다른 대안들이 제시되기 시작했다. 대표적인 것이 2015년 영국 노동당 좌파의 지도자인 제레미 코빈Jeremy Corbyn이 주장한 '인민의 양적 완화People's Quantitative Easing'다.

인민의 양적 완화는 간단히 말해 중앙은행이 민간 금융 기관이 보유한 자산을 매입하는 방식이 아니라 '국영 투자 은행National Investment Bank'이 발행한 채권을 매입함으로써 정부에 화폐를 공급하는 것이다. 정부는 이 돈을 공공 주택과 대중교통, 첨단 산업에 투자하여 일반 국민의 생활을 향상한다. 국영 투자 은행을 거치긴 하지만 사실상 중앙은행이 돈을 찍어 정부에 공급하는 이 계획은 유럽연합의 '리스본 조약'과의 충돌[59] 및 초超인플레이션 우려 등을 포함한 격렬한 논쟁으로 이어졌다.

양적 완화는 뜻하지 않게 밀턴 프리드먼이 1969년에 주장한 '헬리콥터 머니helicopter money'를 대안으로서 소환했다. 중앙은행이 민간 은행의 자산을 구매해 화폐를 공급하는 것이 아니라 돈을 찍어 민간인에게 직접 화폐를 공급해야 한다는 것이다. 주식과 부동산 가격을 앙등시키는 것보다 일반 시민 수중에 돈이 직접 닿게 하는 것이 낫다는 생각에서 나왔다.

2015년 3월부터 유럽 중앙은행은 매달 800억 유로를 양적 완화에 썼는데 이것은 유로존 전체 인구인 3억 2500만 명에게 매달 246유로(33만 원)을 지급할 수 있는 돈이었다. 같은 돈을 쓸 것이라면 차라리 후자가 더 좋은 것이 아닌가 하는 문제의식이 생긴 것이다.

일본의 경제학자 이노우에 도모히로는 헬리콥터 머니에서 더 나아가 화폐발행이익 즉 시뇨리지seignorage 개념을 연결해 기본소득의 재원으로 제시했다.[60] 화폐발행이익이란 간단히 말해 화폐의 액면가와 화폐 생산 비용의 차익이다. 쉽게 말해 1만 원권 지폐를 한 장 찍어내는 데 약 300원이 들어간다면 시뇨리지는 9700원이다. 과거에 귀금속 주화가 존재하던 시절에 봉건 영주들은 금화 혹은 은화의 금·은 함유량을 떨어뜨려 멋대로 화폐발행이익을 늘리곤 했다. 시니어seignior는 봉건 영주를 뜻하는데 시뇨리지라는 말은 이 단어에서 유래했다. 정부가 화폐 발행권을 가지고 있다면 화폐발행이익을 무한히 누릴 수 있고 결국 기본소득의 재원은 마르지 않을 것이다.

하지만 보통 대중들의 인식과 달리 현실의 자본주의 경제에서 정부의 화폐 발행권은 극히 미미하다. 중앙은행이 발행하는 화폐를 '본원 통화'라고 부르는데, 시장에 유통되는 화폐의 대부분은 이 본원 통화가 아니라 민간 상업 은행이 창조해 낸 '파생 통화'다. 2020년도 말 기준으로 볼 때 우리나라의 본원 통화는 205조 원인데 반해, 총통화M2는 3199조 원에 달한다. 유통되는 화폐의 93.6퍼센트가 파생 통화인 것이다. 고객 예금의 전액이 아니라 일부만을 예치해도 되는 '부분 지급 준비' 제도 아래에서 은행은 연쇄적인 대출을 통해서 화폐를 창조해 낸다. 결국 화폐량을 결정하는 것은 정부도 중앙은행도 아닌 민간 영리 은행 등 금융 기관의 권력인 것이다.

화폐 공급이 대출에 의해 이뤄지기 때문에 화폐 창조 과정 자체가 은행의 이자 장사다. 은행은 연간 수십조 원의 이자를 수취하는 특권을 누리고 있다. 심지어 정부조차도 이자를 내고 은행에서 돈을 빌려야 한다. 그것이 정부의 국채 발행이다. 돈은 곧 빚이다. 우리가 빚을 져야 화폐가 공급된다. 화폐가 창조될 때마다 은행이 돈을 버니 국민 경제는 통화 팽창의 악령에 시달리게 된다. 1991년 이래 통화M1(현금 통화와 예금 통화를 합친 협의 통화)는 IMF 위기 때인 1998년과 세계 금융 위기가 시작된 2007년을 제외하고는 항상 늘어났다. 단적으로 2020년에만 25.7퍼센트가 늘어났다. 인플레이션은 최저 임금이 만들어 낸 것이 아니라 금융 기관이 만들어 낸 것이다.

사실 정부의 적자 재정과 국채 발행은 현재의 화폐 제도 하에서는 부족한 재정을 메꾸는 정도가 아니라 필수적인 일이다. 민간 은행의 신용 창조는 절대적 한계가 있다. 파생 통화는 본원 통화를 기초로 뻥튀기하는 것이므로, 본원 통화가 늘어나지 않으면 파생 통화도 늘어날 수가 없다. 한국은행은 자산을 매입하여 시장에 본원 통화를 공급하는데, 그 자산이 국채다. 국채가 충분히 공급되지 않으면 한국은행도 본원 통화를 공급할 길이 없다. 즉, 정부가 국채를 지속적으로 발행해야, 즉 빚을 꾸준히 져야 시장에 본원 통화를 공급할 수 있다. 거꾸로 정부가 흑자 재정을 꾸리면 화폐가 마르게 된다. 결국 정부 부채가 늘어나는 것은 현행 화폐 제도의 필연적 결과다.

사태가 이러하니, 민간 은행의 신용 창조를 중심으로 한 현행 화폐 제도를 개혁해야 한다는 주장이 계속되었다. 대표적인 것이 '주권 화폐sovereign money' 제도다. 부분 지급 준비금 제도는 민간 은행의 화폐 창조를 가능하게 하는 근거이므로 '전액 준비 제도full reserve banking'로 돌아가 본원 화폐량 이상의 대출을 불가능하게 하는 것이다. 이렇게 정부가 '통화 권력'을 되찾아 근대 이전 체제와 같이 법정 통화를 공급함으로써 국민 경제의 통화량을 조절한다. 민간 은행의 기능은 화폐 공급과 화폐 수요의 매개자 구실을 하는 것으로 축소되고 민간 은행의 화폐 창조 권력은 사라진다. 화폐는 더 이상 빚이 아니게 되고debt-free 이자도 붙지 않게 된다interest-free.

주권화폐와 기본소득

이렇게 정부가 화폐 주권을 되찾아 오게 되면 화폐발행이익도 정부, 즉 국민에게 돌아오게 된다. 화폐가 공공의 것임을 고려하면 화폐발행이익도 당연히 사회 공동체 모두에게 속하는 공공의 부, 즉 커먼스이다. 하지만 민간 은행 중심의 화폐 제도 아래에서 화폐발행이익은 공공에 귀속되지 못하고 민간 상업 은행의 이자 수익으로 귀착되고 만다. 주권 화폐 제도가 도입된다면 정부가 화폐발행이익을 활용하여 재정 지출과 복지 정책, 그리고 기본소득의 재원으로 사용할 수 있게 될 것이다. 주권 화폐 제도를 통해 기본소득을 지급하자는 주장은 20세기 초 영국의 클리퍼드 더글러스C. H. Douglas가 '국민배당national dividend'이란 이름으로 최초로 주장[61]한 바 있다.

이노우에 도모히로는 꼭 주권 화폐를 도입하지 않더라도 양적 완화의 폐해를 극복하고 중앙은행의 화폐 발행 권력을 활용하여 기본소득을 지급할 수 있다고 주장한다. 이노우에는 핵심적인 질문을 던진다. 중앙은행이 민간 은행에 화폐를 공급하고 다시 민간 은행이 국채를 사서 정부에 화폐를 공급하는데, 왜 이렇게 해야 하는가? 어차피 중앙은행의 본원 화폐가 우회해서 정부로 들어가는데, 그냥 정부가 국채를 발행하여 중앙은행에 바로 팔면 되지 않을까? 중앙은행이 돈을 찍어 정부의 국채를 바로 사는, 이노우에가 '직접적 재정 파이낸스'라 말하는 이 방법은 '부채의 화폐화debt monetization'라고 부른다. 물론 이 방법은 일본을 포함한 많은 나라에서 법으로 금지되어 있다. 이노우에는 현행 화폐 제도를 바꾸지 않으면 이 방법을 쓰면 되고, 바꾼다면 주권 화폐 제도로 기본소득의 재원을 마련할 수 있다고 본다.

부채의 화폐화건 주권 화폐 제도건 중앙은행이나 정부가 돈을 찍어 기본소득의 재원을 마련한다는 생각은 당연히 인플레이션에 대한 우려를 낳을 수밖에 없다. 실제로 1930년대 일본의 대장성大蔵省의 재무대신 다카하시 고레키요는 정부가 국채를 중앙은행에 바로 매각하여 화폐를 조달하는 방법으로 대공황에서 벗어나는 데 성공했지만 엄청난 인플레이션을 초래했고, 인플레이션 억제를 위해 긴축으로 방향을 선회하자 군비 확장을 위해 지속적인 통화 확장을 원했던 군부에 의해 암살됐다. 세금을 걷지 않아도 중앙은행의 발권력을 이용해 손쉽게 기본소득의 재원을 마련할 수 있다는 달콤한 유혹은 인플레이션이라는 쓰디쓴 유령을 어떻게 극복할 수 있을까?

이노우에의 대안은 '2층 구조 기본소득'이다. 그는 세금을 재원으로 하는 기본소득을 '고정 기본소득', 국채 직발행이나 화폐발행이익을 재원으로 하는 기본소득을 '변동 기본소득'이라고 부르고 고정 기본소득과 변동 기본소득이 복합된 기본소득 제도를 제안한다. 다시 말하면 조세형과 화폐형의 통합형 기본소득이라고 부를 수 있다. 변동 기본소득은 물가 변동에 연동한다. 실제 물가상승률이 목표 물가상승률(예컨대 3퍼센트)보다 낮으면 중앙은행의 국채 매입 액수를 늘리거나 법정 화폐 발행량을 늘린다. 실제 물가상승률이 목표 물가상승률을 상회하면 중앙은행의 국채 매입 액수를 줄이거나 법정 화폐 발행량을 줄인다. 기본소득의 재원으로 쓰기로 되어 있는 국채 직매입액 혹은 화폐 발행량은 일반 재정에 섞이지 않게 하고 n분의 1의 기본소득으로 지급되도록 법으로 규정한다.

디플레이션 위협일 때는 기본소득 액수를 늘리고 인플레이션 위협일 때는 기본소득 액수를 줄인다는 이런 계획을, 가이 스탠딩은 '안정화 급여stabilization grant'라 일컬은 바 있다. 그는 저서에서 "단순한 기본소득은 경제적 자동 안정장치의 하나가 될 텐데, 불경기에 구매력을 보장하기 때문이다. 그러나 나는 층화된 체계를 만들자고 별도로 제안한 바 있다. 많지 않은 액수로 정해진 기본소득 위에 '안정화' 요소를 더하자는 것이었다."[62]라고 말한다. 기본소득은 경기 변동을 안정화할 뿐만 아니라 사람들에게 적시에 현금을 지급한다는 점에서, 프로그램 준비와 절차 때문에 정책 시차를 수반할 수밖에 없는 일자리보장에 비해 뚜렷하게 우월한 정책 효과를 가질 것이다.

이노우에 도모히로의 안은 가이 스탠딩의 '안정화 급여' 아이디어에 헬리콥터 머니와 화폐발행이익이라는 옷을 입힌 셈이다. 그렇다면 정부의 부당한 정치적 요구에 중앙은행이 휘둘릴 가능성은 없는가? 이노우에의 생각에 따르면 국채의 직매입 액수 혹은 화폐 발행량은 철저히 중앙은행이 자체 기준에 의해 결정한다. 결국 변동 기본소득의 액수도 중앙은행의 결정에 따라서 정해지게 된다. 중앙은행의 독립성은 확실히 지켜야 한다. 조세형 기본소득은 경기에 따라 세수가 달라지기 때문에 기본소득 재원도 불안정해질 수 있는 반면에, 화폐형 기본소득은 경기에 '역행적'으로 움직이면서 기본소득의 지속 가능성을 높여줄 것으로 기대되고 있다.

물론 화폐형 기본소득이 가지고 있는 위험이 없지 않다. 무엇보다 화폐 발행으로 손쉽게 재원을 조달할 수 있게 되면, '조세 저항' 등으로 시행이 쉽지 않은 조세형 기본소득의 동력이 약화할 가능성이 크다. 조세형 기본소득이 후퇴한다는 것은 결국 소득 재분배라는 중요한 정책이 후퇴한다는 것을 의미한다. 공유지분권이나 커먼스 펀드 등 소유 구조 개혁을 동반하는 기본소득도 뒤로 미뤄질 가능성이 크다. 그렇게 되면 기본소득의 중요한 장점 몇 개가 사라질 뿐만 아니라, 재원의 안정적 확보와 지급액의 중장기적 상향에 제동이 걸릴 수도 있다.

마지막으로 화폐발행이익으로 얼마만큼의 기본소득 액수를 지급할 수 있을지에 대한 정보와 지식이 현재로서는 불확실하다. 주권 화폐 제도를 도입했을 때 기본소득의 지급액이 어떻게 될 것인가를 추정한 연구가 없진 않지만, 그것은 일련의 단순한 가정 아래 계산된 것이며 화폐 제도의 전면적 혹은 부분적 개혁이 사람들의 행동과 태도에 미칠 영향까지 고려된 것은 아닌 것으로 보인다. 또한 화폐 발행으로 기본소득을 지급하는 방안 자체가 경기 조절을 위한 것이기 때문에, 다른 재원과 함께 하지 않으면 독자적인 효능을 발휘하기 힘들다고 본다. 앞으로 더 많은 연구가 계속되어야 할 것이다.

에필로그

시간 주권을 되찾는 사회

경제학에는 '소득-여가 선택 모형'이란 것이 있다. 하루의 시간 중 얼마를 소득 활동 즉 노동에 투여하며, 얼마를 여가 시간에 할당할지에 관한 '합리적 선택'을 이론적 모형으로 만든 것이다. 여가 시간만 누리면 소득이 0이 되고, 가용 시간 모두를 소득 활동에만 사용한다면 여가 시간이 없으니 시간당 임금과 삶의 만족을 고려하여 효용이 극대화될 수 있는 '최적'의 소득-여가의 조합을 찾을 수 있다는 전제가 담겨 있다. 요새 말로 하면 너무 일만 하지 말고 여가 시간도 좀 가지면서 '워라밸'의 삶을 누리라는 메시지인 것이다.

일견 합리적인 모형을 제시하는 것 같지만 이러한 주류 경제학의 태도는 매우 기만적이다. 노동자 개인의 효용이 극대화되도록 최적의 소득-여가 시간 조합을 찾는다? 그렇다면 C사의 '로켓배송', S사의 '새벽배송', M사의 '샛별배송'을 하는 노동자가 여가 시간을 없애는 것을 넘어서 수면 시간까지 줄여가며 새벽에 배송 노동을 하는 것은 그의 '합리적' 선택의 결과인가? 새벽 배송을 하다가 심장 마비로 과로사하는 것은 그의 '합리적' 선택의 결과인가?

여가leisure란 불가피하게 해야 하는 노동 시간의 '여집합'일 뿐이다. 노동 시간을 아무리 늘려도 자신과 가족의 생계를 위한 충분한 소득이 보장되지 않을 때, 여가는 선택의 영역이 아니라 애초에 0으로 디폴트 세팅되어 있다. 이때 그가 누릴 수 있는 '시간 주권time sovereignty'은 없는 셈이다. 우리 사회에서 자신의 효용을 극대화할 수 있도록 최적의 소득-여가 조합을 선택할 수 있는 함수를 가지고 있는 사람이 몇 퍼센트나 될까? 노동 시간과 여가 시간을 결정할 수 있는 시간 주권은 소득 격차의 직접적 결과일 뿐이다. 따라서 보통 사람의 시간 주권을 늘리려면 소득 격차를 줄여야 한다.

CBS의 강연 프로그램 〈세바시〉 1352회에 출연했을 때였다. PD님이 속칭 '야마'를 잡기 위해서 기본소득을 한마디로 말한다면 뭐라고 하겠냐고 나에게 물었다. 나는 주저 없이 "기본소득은 시간 주권을 되찾는 길이다"라고 말했다. 그래서 방송의 제목은 '시간의 빈부 격차를 해소하는 방법'이 되었다. 기본소득이 '실질적 자유'를 준다고 할 때 그것은 화폐의 구매력이 가져다주는 자유만을 말하는 것이 아니다. 안전망으로서 무조건적 '소득 바닥'이 제공될 때 사람들은 진정으로 여가와 소득의 조합을 선택할 자유가 생긴다. 기본소득은 모든 사람에게 제대로 된 '소득-여가 모형'이 가동될 수 있는 환경을 만들 것이다.

시간 주권 문제는 젠더 평등과 관련해서도 중요한 의미를 지닌다. 가구 단위로 지급되지 않고 개인 단위로 지급되는 기본소득은 아직 남성 비율이 높은 가구주에 대한 경제적 의존에서 벗어날 수 있는 자원을 제공하고, 누군가의 아내 혹은 엄마로서의 증빙이 아니라 독립적인 인격 주체로서 사회에 등장할 수 있게 한다. 기본소득은 사회 구성원 모두에게 지급되기 때문에 젠더 중립적gender neutral인 정책이지만, 오히려 그렇기 때문에 젠더 불평등의 현실에서 '젠더 정의'에 기여할 수 있다. 기본소득은 권력 관계를 재편할 힘을 부여하기 때문이다.

자본주의는 성별 분업으로 자신의 역사를 시작했다. 남성은 노동 시장에 참여하고 가족의 재생산은 여성에게 맡겨졌다. 사회는 남성 노동에 대해서만 대가를 지불하고 여성의 출산·육아·돌봄 즉 '재생산 노동reproductive labor'에 대해서는 보상하지 않았다. 정확히 말하면 남성의 임금은 가족의 재생산 비용을 포함한 가족 임금이었고, 따라서 여성의 경제적 종속은 구조적으로 내장되어 있었다. 남성의 시간은 노동을 하는 사회적 시간과 노동을 쉬는 여가 시간으로 나뉘었지만 여성의 시간은 사회성이 전혀 없는 '사적' 시간으로 치부되었다.

여성 운동의 발전으로 여성의 사회적 힘이 강화되고 전후 고도성장이 폭발적인 노동력 수요를 요구하면서 여성은 광범위하게 시장 노동에 진출하게 됐다. 그러나 여성의 사회적 진출에도 불구하고 성별 분업은 이중적 의미에서 사라지지 않았다. 가사·돌봄 사회서비스가 확장됐지만 가족이 떠안

아야 하는 양육 책임은 여전히 여성에게 전가되었으며 성별 임금 격차도 엄존했다. 여성의 시간이 집 밖의 유급 노동과 집 안의 무급 노동의 '이중 노동'으로 구성되면서 여성은 더 극심한 시간 빈곤에 시달리게 된다.

신자유주의는 자본의 위기를 타개하기 위해 노동의 유연화를 추진하면서 남성의 전일제 노동과 여성의 시간제 노동이라는 구조를 정착시켰다. 신자유주의는 사회서비스의 공공성 축소와 민영화 즉 상품화를 동반했는데, 이는 곧 여성이 가족 안에서 가사 및 돌봄 노동에 더 많은 시간을 투입해야 함을 의미했다. 즉 재생산 노동의 재가족화다. 여성의 무급 가사 노동은 늘어나고 여성의 유급 시장 노동은 줄어야 했으므로 시간제로 특화될 수밖에 없었다. 동시에 여성의 노동은 계층화되었다. 사회서비스를 구매할 수 있는 전문직 고소득 여성과 사회서비스를 구매할 수 없는 보통 여성의 시간 주권은 극히 다른 양상을 띠게 된다.

우리나라는 짧은 시간에 고도의 압축 성장을 하며 이러한 젠더 불평등의 과정이 짧은 시간에 드러났고 각 단계가 혼재해서 병존하는 양상을 보인다. 그에 따라 여성의 시간 주권은 소수 전문직 여성을 제외하고는 전혀 나아지지 않았다. 동시에 엄마, 아빠와 자녀로 이루어진 전통적인 가족 구조는 이미 해체되고 있다. 성별 분업과 노동 시장의 젠더 불평등, 여성의 '이중 노동'을 정당화했던 '정상 가족 이데올로기'는 현실 속에서 파산했다. 동시에 '동성 결혼', '시민 결합civil union', '생활 동반자 관계domestic partnership', '공동체 가족' 등 다양한 가족 구성권에 대한 요구가 확산하고 있다.

삶의 가치도 변했고 사람의 생각도 변했는데 젠더 불평등을 기초로 한 사회 경제 구조는 변화의 기미가 없다. 이런 극심한 부조화는 사상 초유의 '재생산 위기'로 표출되고 있다. 통계청 KOSIS에 따르면 2020년 대한민국의 합계 출산율Total Fertility Rate은 0.837로 세계 최하위 수준이다. 그럼에도 이 문제를 둘러싼 소위 전문가들의 대책과 사회 각계각층의 혐오와 배제의 언사는 차라리 이 문제를 외면하는 게 낫겠다 싶을 정도로 참혹하다. 가족 개념이 진일보하는 시대다. 어떻게 개인의 자율성을 증진하면서 전통적인 결혼 관계를 뛰어넘는 자기 통치권에 대한 요구를 충족시키고 젠더 정의를 획득하며 모두의 시간 주권을 늘릴 수 있을 것인가?

우선 사회적 노동 시간이 단축되어야 한다. 그렇지 않으면 가족 구성원 모두의 재생산 노동 참여를 위한 객관적 여건이 마련되지 않는다. 노동 시간 단축은 재생산 노동만이 아니라 생산 영역에서의 성차별과 불평등을 제거할 수 있는 조건도 제공한다. 이와 함께 무상 혹은 저가로 공급되는 양육, 돌봄의 공공 사회서비스가 확충되어야 한다. 공공 사회서비스의 확충은 가족이 부담해야 할 재생산 노동을 최소화하여 여성의 노동 시장 참여 기회를 넓힌다. 동시에 정부의 임금 지지 정책을 통해 서비스 노동 종사자의 저임금화도 방지할 수 있다. 서비스 노동은 주로 여성의 진출이 두드러진 곳인 만큼, 성별 임금 격차의 해소에도 크게 기여할 것이다.

그리고 보편적 기본소득의 도입이다. 시간 분배의 관점에서 보면 무조건적 기본소득은 '무조건적 시간 배당'이다. 기본소득이 제공하는 소득 바닥은 그 액수만큼 노동 시간을 단축하고 다른 일에 시간을 쓸 수 있게 한다. 아무리 공공 사회서비스가 늘어나도 가족이 해야 할 재생산 노동의 영역은 사라지지 않는다. 시장 노동 시간이 줄어들면 그동안 가사 노동에 종사하지 않던 가족 구성원이 가사 노동을 늘리는 방향으로 시간을 재분배할 가능성이 커진다. 노동과 연계된 현금 지급은 그 노동을 반드시 해야 지급되므로 저임금을 고착화하는 임금 보조금 구실밖에 못 하는 반면, 시장 노동과 무관하게 지급되는 기본소득은 노동자의 협상력을 키우고 저임금 일자리를 거부할 역량을 높인다. 이는 여성의 시장 노동의 가치를 높이는 데 있어 매우 중요하다.

기본소득의 지급이 도리어 여성을 노동 시장에서 이탈시키고 가사 노동 종사자로 복귀시키지 않을까 우려하는 목소리가 있다. 하지만 기본소득 때문에 여성이 노동 시장에서 이탈하게 된다면 그것은 노동 시장 일반에서의 이탈이 아니라 기본소득이 대체하는 '저임금' 노동 시장으로부터의 이탈이다. 다시 말해서 이 이탈은 오히려 여성에게 있어 시간 주권의 신장을 의미한다. 오히려 이탈한 부문의 임금이 상승하는 조건이 될 것이다. 이에 더해 기본소득의 지급은 가족 안에서 여성의 힘을 높일 것이며, 여성의 높아진 힘은 가사 노동의 보편화를 위한 큰 동력이 될 것이다.

기본소득은 다양한 가족 구성의 자유를 보장한다. 기본소득의 개별성 원칙은 이를 위해 결정적 구실을 할 것이다. 가구 단위와 부양가족 개념으로 설계되는 다른 복지 제도와 달리 개인 단위로 지급되는 기본소득은, 가족 관계 입증도 서류 심사도 증빙도 필요 없다. 다양한 가족 구성의 권리를 인정하는 법률 제정과 함께, 개인의 존엄과 자율성을 존중하는 기본소득의 시행은 사회 구성원 모두가 안정된 여유를 누리고 새로운 관계를 맺을 수 있는 사회를 앞당길 것이다.

GDP로 측정되지 않는 활동, 돈으로 환산되지 않는 일은 무가치하게 여겨진다. 고귀한 감성과 자유로운 상상력, 관습에의 도전과 맑은 마음은 비생산적 시간으로 무시되고 삭제된다. 이 참혹한 현대 사회에서, 기본소득은 새로운 공동체를 향한 우리 모두의 약속이다. 시간의 빈부 격차를 해소하고 지구상에서 살아가는 공동의 시간을 함께 누리고자 하는 우리 모두의 각오다.

미국의 소설가 에드워드 벨러미Edward Bellamy가 1887년에 쓴 유토피아 문학의 고전《뒤돌아보며: 2000년에 1887년을》에서, 주인공은 1887년의 보스턴에서 잠이 들었다가 2000년의 보스턴에서 깨어난다. 눈 앞에 펼쳐진 유토피아 세상에 눈이 휘둥그레진 주인공은 2000년의 사람에게 묻는다.

> "무슨 권리로 한 개인이 자기 몫을 주장합니까? 재화를 분배하는 근거는요?"
>
> "인간성이죠. 자기 몫을 주장할 권리는 그 사람이 인간이라는 데 있습니다."
>
> "그 사람이 인간이기 때문이라고요? 그렇다면 모든 사람이 똑같은 몫을 가져간다는 뜻입니까?"
>
> "물론이죠."
>
> -《뒤돌아보며: 2000년에 1887년을》, 84쪽.[63]

주

1 _ 모든 가구를 소득순으로 매겼을 때 정확히 가운데에 있는 가구의 소득

2 _ 인공 일반 지능은 인간이 할 수 있는 어떠한 지적인 업무도 성공적으로 해낼 수 있는 기계의 지능을 말한다. 이는 인공지능 연구의 주요 목표이며, SF 작가들이나 미래학자들의 중요한 소재이다. 위키백과

3 _ 속류 유물론Vugar materialismus이란 19세기경 독일 생리학자들 사이에 보급된 통속적·기계론적 유물론이다. 의식 및 관념을 자연 법칙에 따른 생리적 부산물로 여기는 기계적 사고로, 마르크스의 변증법적 유물론과 차이를 보인다. 유물론을 비속화한다는 의미에서 엥겔스가 명명했다.

4 _ 래퍼 곡선은 미국의 경제학자 아서 래퍼Arthur Laffer가 만들었다. 세율을 높일수록 근로 수입을 더 많이 뺏기고 근로 의욕도 낮아지기 때문에 일정 수준의 세율이 넘어가면 오히려 세입이 낮아진다고 전제한다. 래퍼 곡선에 따른 현상은 실재하지만 세율의 변화가 노동량에 미치는 영향을 정확히 증명할 수 없고, 세입이 감소하는 세율의 지점을 알 수 없다는 한계가 있다. 레이건 정부의 감세 정책을 위한 정치적 도구로 활용되었다.

5 _ 《USA Today》, 2017.10.11.

6 _ 《The Guardian》, 2017.9.13.

7 _ ITEP(Institute on Taxation and Economic Policy),〈TCJA by the Numbers, 2020〉, 2019.08.28.

8 _ 이전지출이란 연금, 사회 보험금, 사회 수당, 보조금, 재해 보상금 등 정부가 대가 없이 지급하는 성격의 비용을 의미한다.

9 _ 이건민, 〈기본소득의 소득 재분배 효과: 테크니컬 노트〉, 《Alternative Working Paper》, 5, 정치경제연구소 대안, 2018.09.28

https://www.pressian.com/pages/articles/2020061514264231232#0DKU

10 _ Korpi. W. & Palme. J., 〈The Paradox of Redistribution and Strategies of Equality: Welfare State Institutions, Inequality, and Poverty in the Western Countries〉, 《American Sociological Review》, 63(5), 1998., pp. 661 – 687.

11 _ 제19대 대통령선거 더불어민주당 정책공약집 《나라를 나라답게》, 2017.05.12.

12 _ 한국조세재정연구원, 〈새정부 경제정책방향 - 경제 패러다임의 전환 -〉, 《재정 포럼 》, 254(0), 한국조세재정연구원, 2017.08., 123-159쪽.

13 _ 하르츠 노동 개혁은 2002년 8월, 독일의 제7대 총리인 게르하르트 슈뢰더의 적록 연립정부 당시 하르츠 위원회에서 고안한 노동 개혁 방안이다. 임시직 고용을 늘리고 1인 사업자의 규제를 완화해 노동 유연성을 늘리는 것이 골자이며 수치상의 실업률을 줄이는 것에 목적이 있었다. 80년대의 독일은 재통일의 후유증으로 높은 실업률과 이에 따른 실업부조 지출이 심했다. 당시 독일 실업자는 400만 명에 달했고 재정 역시 악화됐다. 하르츠 개혁은 실업률을 줄이기 위한 다음 네 가지 개혁안이다.

하르츠 개혁은 총 네 단계로 하르츠 I법은 노동 시장으로의 인력 유입 및 실업부조 수령 요건을 강화한 것이다. 하르츠 II법은 미니 잡(비정규직) 기준을 완화하고 사회보장체계로 통합해 근로 형태의 유연화를 꾀한 것이다. 하르츠 III법은 연방노동청을 연방고용사무소로 전환한 것이며, 하르츠 IV법은 기존의 실업부조와 사회부조를 하나의 실업급여로 통폐합한 것이다.

고용 증진, 실업률 저하의 효과는 있었지만 양극화 심화, 일자리의 질 저하의 문제가 있었다. 사회 안전망인 실업부조의 수급 요건을 높인 것이 원인이었다.

14 _ 최저임금위원회, 《2021년 최저 임금 심의편람》, 2021.06.

15 _ 홍운선, 〈낙수 효과에 관한 통계 분석이 주는 시사점〉, 《중기경쟁력 17-01》, 중소기업연구원, 2017.02.23.

16 _ 〈Value of COVID-19 fiscal stimulus packages in G20 countries as of May 2021, as a share of GDP〉, Statista.

17 _ 영세 근로자의 생계를 돕기 위하여 정부에서 실시하는 사업. 주로 제방이나 하천, 도로 따위의 사업장에서 일을 하게 된다. 표준국어대사전

18 _ 현대화폐이론에 따르면 화폐는 교환의 매개로 등장한 것이 아니라 국가에 대한 조세의 지불을 위해 국가가 만들어 낸 지불 수단이다. 정부는 균형 재정, 즉 조세를 걷어서 그 조세 수입의 한도 내에서 지출을 하는 것이 아니라, 정부의 재정 지출이 조세 수입보다 선행하므로 정부의 지출은 세수의 크기에 제약될 이유가 전혀 없다. 정부는 화폐 발행을 통해 자국 통화로 표시된 부채를 전액 상환할 수 있는 만큼 채무 과다에 따른 파산이 불가능하므로, '재정 건전성'에 집착할 것이 아니라 완전 고용과 같은 정책 목표를 설정해야 한다는 것이다.

19 _ Kate McFarland, 〈Basic income, job guarantees and the non-monetary value of jobs: Response to Davenport and Kirby〉, Basic Income News, 2016.9.5.

20 _ 데이비드 그레이버(김병화 譯), 《불쉿 잡: 왜 무의미한 일자리가 계속 유지되는가?》, 민음사, 2018.

21 _ 중위소득의 50퍼센트를 '상대적 빈곤선'이라 하며, 소득이 그 이하인 사람의 비율을 '상대적 빈곤율'이라 한다. 2018년 기준 우리나라 66세 이상의 빈곤율은 OECD 회원국 가운데 1위로서 무려 43.4퍼센트에 달한다.

22 _ 필리프 판 파레이스는 GDP의 25퍼센트를 '완전기본소득'의 기준으로 제시하고 있다. 지금의 우리나라에 적용해 보면 월 94만 원 정도에 해당하므로 중위소득의 50퍼센트 기준과 비슷하다. 이와 관련해서는 필리프 판 파레이스, 야니크 판데르보흐트(홍기빈 譯), 《21세기 기본소득: 자유로운 사회, 합리적인 경제를 향한 거대한 전환》, 흐름출판, 2018을 참조.

23 _ '글로벌 자본세'란 토마 피케티가 그의 저서 《21세기 자본》에서 제시한 개념으로,

세계적 차원의 불평등 해소를 위해 모든 국가의 자본세를 동일하게 하는 것이다. 어느 국가에 자본이 있든 누진적으로 같은 자본세가 도입되면 조세 회피를 막을 수 있다는 논리다. 시장의 글로벌화는 자본에 이동성을 부여했는데, 이는 정부가 세금을 통해 자본을 조정하려는 시도를 무력화한다. 전 세계적으로 유·무형의 자산에 대해 매기는 통일된 세율표가 있다면 금융 투명성도 강화될 것이라고 그는 주장한다.

24 _ 모두 주식 투자를 하거나 모두 요식업 창업을 하는 상황을 상상해 보면 된다.

25 _ 필리프 판 파레이스, 야니크 판데르보흐트(홍기빈 譯), 《21세기 기본소득: 자유로운 사회, 합리적인 경제를 향한 거대한 전환》, 흐름출판, 2018., 89쪽.

26 _ 필리프 판 파레이스, 야니크 판데르보흐트(홍기빈 譯), 《21세기 기본소득: 자유로운 사회, 합리적인 경제를 향한 거대한 전환》, 흐름출판, 2018., 89-90쪽.

27 _ 가이 스탠딩(안효상 譯), 《공유지의 약탈: 새로운 공유 시대를 위한 선언》, 창비, 2019., 414쪽.

28 _ 토마 피케티(안준범 譯), 《자본과 이데올로기》, 문학동네, 2020.

29 _ 영국의 정치 경제학자 애덤 스미스Adam Smith, 영국의 경제학자 데이비드 리카도David Ricardo, 독일의 철학자 카를 마르크스의 '노동가치설'은 그 시대의 산물이다.

30 _ 필리프 판 파레이스, 야니크 판데르보흐트(홍기빈 譯), 《21세기 기본소득: 자유로운 사회, 합리적인 경제를 향한 거대한 전환》, 흐름출판, 2018., 90쪽.

31 _ 2022년 제20대 대선을 앞두고 정의당의 심상정 후보는 '시민최저소득'을 도입하겠다는 공약을 발표했다. 이 또한 음의 소득세의 일종이다. 심 후보는 모든 시민에게 '최저소득' 100만 원을 보장하겠다고 말했기에, 윤희숙 안과 비슷한 '최소보장소득' 제안이 아닌가 생각하게 만들었다. '안심소득'은 4인 가구를 예로 들고 '시민최저소득'은 1인 가구를 예로 들고 있지만, 둘은 중위소득 100퍼센트 미만의 사람에게 중위소득 미달액의 50퍼센트를 지급하는 음의 소득세 안이라는 점에서 동일하다. 2022년 1인 가구

기준 중위소득이 194만 4812원이므로, 소득인정액이 0원인 1인 가구는 그 50퍼센트인 97만 원의 시민최저소득을 받기 때문에 '최저소득 100만 원'이란 대중적 표현을 쓴 것으로 보인다.

32 _ 금민, 〈공유부와 기본소득: 공유부 배당의 정의 실현〉, 《기본소득이 있는 복지국가 - 리얼리스트들의 기본소득 로드맵》, 2021.08.14.

33 _ 가이 스탠딩(안효상 譯), 《공유지의 약탈: 새로운 공유 시대를 위한 선언》, 창비, 2019., 5쪽.

34 _ 금민, 〈공유부 배당의 논변구조와 기본소득론의 사회상〉, 《월간좌파》, 2017년 5월호, 2017., 55쪽.

35 _ 가이 스탠딩(안효상 譯), 《공유지의 약탈: 새로운 공유 시대를 위한 선언》, 창비, 2019., 177쪽.

36 _ 가이 스탠딩(안효상 譯), 《공유지의 약탈: 새로운 공유 시대를 위한 선언》, 창비, 2019., 235쪽.

37 _ 가이 스탠딩(안효상 譯), 《공유지의 약탈: 새로운 공유 시대를 위한 선언》, 창비, 2019., 293쪽.

38 _ 가이 스탠딩(안효상 譯), 《공유지의 약탈: 새로운 공유 시대를 위한 선언》, 창비, 2019., 323쪽.

39 _ 가이 스탠딩(안효상 譯), 《공유지의 약탈: 새로운 공유 시대를 위한 선언》, 창비, 2019., 382쪽.

40 _ 금민, 《모두의 몫을 모두에게: 지금 바로 기본소득》, 동아시아, 2020., 171-172쪽.

41 _ 수확체증이란 투입된 생산 요소가 늘어날수록 산출량이 기하급수적으로 증가하는 현상을 말한다. 반대말은 수확체감인데, 수확체감의 법칙은 전통 산업 경제에서 통용된

다. 제한된 토지에 노동력을 계속 투입했을 때 총생산량은 증가해도 한계 생산량(생산량 증가분)은 줄어든다. 반면 수확체증의 법칙은 지식 기반 경제나 지식 자본에 적용된다. 어떤 플랫폼이 다수의 사용자를 확보하고 그들의 데이터를 가졌을 경우 해당 플랫폼의 수익은 수확체증적인 반면 다른 사업자는 쉽사리 도전장을 내지 못한다.

42 _ 스마트시티 또는 스마트 도시는 다양한 유형의 전자 데이터 수집 센서를 사용하여 자산과 자원을 효율적으로 관리하는 데 필요한 정보를 제공하는 도시 지역이다. 위키백과

43 _ 다국적 기업의 흔한 조세 회피 방법을 풍자하는 말이다. 아일랜드에 두 개의 법인, 네덜란드에 하나의 법인, 법인세가 없는 국가에 하나의 법인을 만들기 때문에 이런 별명이 붙었다. 더블 아이리쉬는 애플이, 더치 샌드위치는 구글이 고안한 것으로 알려졌다.

44 _ OECD,〈Statement on a Two-Pillar Solution to Address the Tax Challenges Arising from the Digitalisation of the Economy〉, 2021.10.8.

45 _ 기본소득한국네트워크,《기본소득이 있는 복지국가: 리얼리스트들의 기본소득 로드맵》, 박종철출판사, 2021, 226쪽.

46 _ 기본소득한국네트워크,《기본소득이 있는 복지국가: 리얼리스트들의 기본소득 로드맵》, 박종철출판사, 2021, 229쪽.

47 _ Herbert A. Simon, 〈A Basic Income for All: UBI and the flat tax〉, 《Boston Review: A Political and Literary Forum》, 2000.10.01.

48 _ André Gorz, 《Ecology As Politics》, South End Press, 1979., pp.14.

49 _ André Gorz, 《Ecology As Politics》, South End Press, 1979., pp.13.

50 _ 탄소발자국은 개인 또는 단체가 직·간접적으로 발생시키는 온실 기체의 총량을 의미한다. 여기에는 이들이 일상 생활에서 사용하는 연료, 전기, 용품 등이 모두 포함된

다. 비슷한 개념으로 개인 및 단체의 생활을 위해 소비되는 토지의 총 면적을 계산하는 '생태발자국'이 있다. 위키백과

51 _ 제이슨 히켈(김현우, 민정희 譯), 《적을수록 풍요롭다: 지구를 구하는 탈성장》, 창비, 2021.

52 _ George Akerlof et al., 〈Economists' Statement on Carbon Dividends: Bipartisan agreement on how to combat climate change〉, 《월스트리트저널》, 2091.1.19.

53 _ 이산화탄소를 탄소를 기준을 환산한 톤을 의미한다. 이산화탄소가 배출될 때 얼마만큼의 탄소가 발생하는지를 의미하는 단위다.

54 _ 이산화탄소 환산량은 여섯 개 온실가스의 배출량을 온실가스별 지구 온난화 기여도에 따라 이산화탄소 배출량 수치로 표현한 것이다.

55 _ 카를 마르크스(강신준 譯), 《자본 I-1》, 길, 2008., 265쪽.

56 _ 노동 운동 일부는 자산가들 일부가 기본소득을 지지하는 것에 혐오감을 표한다. 하지만 사회 보험을 비스마르크가 만들었단 사실은 잊은 것 같다. 주장하는 사람들의 재산 크기로 그 주장의 옳고 그름을 판단하는 것은 유아적이다. 오히려 새롭고 강력한 사회적 아이디어는 기존의 정치적 스펙트럼을 가로질러서 지지자를 얻는다. 그리고 그럴 때에만 비로소 진정한 '물질적 힘'을 얻는다. 기본소득은 왼쪽도 아니고 오른쪽도 아니고 앞으로 가는 것이다.

57 _ 노동소득분배율은 국민 소득에서 노동자의 임금 소득이 차지하는 비율을 말한다. 노동 소득의 상대적 크기를 측정하기 위해 주로 인용된다.

58 _ 오지윤·엄상민, 〈법인 노동 소득분배율의 추이 및 변화 요인 분석〉, 《KDI 경제전망》, 2019.11.13.

59 _ 리스본 조약의 공식 명칭은 'EU조약 및 EC설립조약을 개정하는 리스본조약

Treaty of Lisbon amending the Treaty on European Union and the Treaty establishing the European Community'으로 유럽 연합의 '미니 헌법'으로 불린다. 2009년 발효됐다. 이 법에 따르면 각국 중앙은행은 정부의 공공사업에 쓸 돈을 직접 발행할 수 없다. 따라서 중앙은행의 독립성 훼손을 놓고 코빈의 인민의 양적 완화와 충돌이 있었다.

60 _ 이노우에 도모히로(강남훈, 송주명, 안현효 譯), 《거품경제라도 괜찮아: 헬리콥터 머니와 기본소득》, 다돌책방, 2019.

61 _ 클리포드 H. 더글러스(이승현 譯) 《사회신용: 왜 기본소득이 필요한가》, 역사비평사, 2016.

62 _ 가이 스탠딩(안효상 譯), 《기본소득: 일과 삶의 새로운 패러다임》, 창비, 2019., 126쪽.

63 _ 에드워드 벨러미(김혜진 譯), 《뒤돌아보며: 2000년에 1887년을》, 아고라, 2014., 84쪽.

북저널리즘 인사이드

당연했던 것을
되돌아볼 때

"일하는 것과 일하지 않는 것, 어느 것이 디폴트인가?" 니트족Not in Education, Employment or Training · NEET을 '회사 놀이'로 돕는 사회적 기업을 인터뷰할 때 던진 질문이다. 직업을 갖고 태어나는 사람은 없지만 현대 사회에서 노동은 곧 소득이고 생계의 최소한이라는 생각 때문이었다. 응당 예상할 수 있는 답변이 돌아오겠지만 머리로 이해시켜주길 바랐다.

두 공동 대표는 다른 답을 냈지만 같은 문제의식을 공유하고 있었다. '일하지 않는 상태'가 언제든 불시에 찾아올 수 있으며, 노동에 자신의 가치를 종속하지 않아야 한다는 점이다. 한 분은 노동 가치가 줄어들고 인간의 노동력이 대체될 미래를 상상하며 일에 새로운 정의를 내렸다. "나와 타인을 이해하고 환경이나 사회를 알아가는 어떤 사회적인 활동"이 그것이다.

답을 듣고 나서야 앞선 질문의 핵심을 알아챘다. 삶의 주권이었다. 직업 선택의 자유가 사라지는 순간 우리는 소득을 통해 노동에 종속된다. 저자는 본문에서 케이트 맥팔런드의 말을 인용해 일자리가 본질적으로 우리를 행복하게 하는 것이 아님을 내비친다. 요컨대 우리는 생계를 위한 소득의 필요성을 애써 노동의 가치로 치환하고 있다.

그 과정에 자율성과 주권이 개입하기란 쉽지 않다. 많은 일이 경제적 가치로 계량화되고 생산성이 낮지만 사회를 가치 있게 만드는 활동은 직업에서 제외된다. 자연스레 돈 잘 버는 일이 곧 성공이라는 인식에 짓눌린다. 노동과 소득의 연결 고리를 끊을 수 있다면 어떨까? 인류가 공헌하고 쌓아온 산물을 함께 누리며 가치 있는 활동을 해나갈 수 있다면 어떨까?

영국의 수학자이자 철학자 버트런드 러셀Bertrand Russell은 《게으름에 대한 찬양》에서 노동에 빼앗긴 우리의 시간 주권을 상기시킨다. 나태할 권리도 없이 자신을 채찍질하는 데 익숙한 현대인의 금서다. 자연을 수탈하고 남을 짓밟으며 끝없는 성장을 향해 달리는 것은 과연 '디폴트'인가? 성장주의 속에 당연하게 여겼던 많은 것을 되돌아볼 때 그 여정 위에서 기본소득을 만날 것이다.

기본소득은 흔히 터무니없는 포퓰리즘이나 좌파 정책 같아 보이기도, 선별 복지 문법을 거스르는 비효율적 정책 같아 보이기도 한다. 그래서 필요했다. 시중에 엄청나게 많은 기본소득 책 중에서도 읽는 이를 '가슴'이 아니라 '머리'로 납득시킬 수 있는 책이. 기본소득에 대한 오독을 샅샅이 파헤치고 한국에의 적용에 천착했다. 미래 사회를 준비할 대안을 고민한다면 이 책을 자신 있게 권한다.

이현구 에디터